U0527146

相互传染困惑的魟鱼
——我与儿童的哲学之旅

李昕桐 著

人民东方出版传媒
东方出版社

谨以此书赠予我最爱的宝宝瑞，愿他健康快乐地成长。愿他成为一直怀有探索精神和热爱生活的人。

魟鱼又称魔鬼鱼，是在中生代的侏罗纪时期出现的鲨的同类，它们具有藏身在海底沙地的习性。被魟鱼的毒棘刺伤后、毒素会释放到人体内而引发毒性。

　　在美诺与苏格拉底对话的过程中，美诺说苏格拉底就像魟鱼一样，常常使碰到他的人"中毒麻痹"、产生困惑，而苏格拉底则回应称是因为他自己感到困惑，并把这种感觉也传染了别人。[1]

　　我和宝宝瑞就是相互传染困惑的魟鱼。

---

[1] 参见柏拉图：《柏拉图集》第1卷，王晓朝译，人民出版社2002年版，第7页。

目 录

序　言 001

第一章　我所体会的哲学奥秘 001
　　　　——思考追问批判的游戏

第二章　我与儿童的哲学之旅 015
　　　　——我和宝宝瑞的哲学对话

　第一节　哲学对话主题 019
　　哲学对话主题一：形而上学 019
　　哲学对话主题二：道德哲学 029
　　哲学对话主题三：知识论 035
　　哲学对话主题四：逻辑学 039
　　哲学对话主题五：心灵哲学 043
　　哲学对话主题六：政治哲学 045
　第二节　阅读中的智慧 047
　　一、绘本中的意蕴 048
　　二、诗词中的哲美 062

第三节　日常生活联想：..................................073

第三章　儿童哲学教育的原因..................................083
　　——儿童是天生的哲学家

　　第一节　儿童的特质..................................084
　　　　一、问题缘和问题续..................................084
　　　　二、游戏式思维的生活方式..................................089
　　第二节　儿童特质的根源..................................090
　　　　一、原初的生命力..................................091
　　　　二、原始思维..................................093
　　　　三、未经历社会化的"文化"塑造..................................096

第四章　儿童哲学教育的目标..................................098
　　——重新挖掘儿童心中的宝藏

　　第一节　对传统儿童教育的批判..................................098
　　第二节　儿童哲学教育对成人的启示..................................107
　　第三节　儿童哲学教育的目标设定..................................110

第五章　儿童哲学教育的意义..................................118
　　——哲学化是儿童综合素质培养的灵魂

　　第一节　儿童哲学教育对于人才培养的影响..................................119
　　第二节　儿童哲学教育对于综合素质培养的影响......124

第六章　儿童哲学教育的措施..................................134
　　——儿童哲学情境构建儿童自身

　　第一节　儿童哲学情境构建的内涵..................................135

一、哲学提问..135
　　二、哲学对话..140
　第二节　儿童哲学情境构建的意义..................................146
　　一、儿童哲学情境中的体验......................................147
　　二、儿童哲学情境中意蕴生成和直觉性把握......149
　　三、儿童哲学情境中的情感诱发儿童潜能........151
　第三节　儿童哲学情境构建的实践..................................152
　　一、阅读故事..152
　　二、哲学思想之旅..153
　　三、猜谜和分析矛盾句子的游戏............................154
　　四、对某一事物进行讨论......................................154
　　五、舞台表演..154
　　六、绘画阐释..155

参考文献..160
附录：儿童哲学教育杂文（28篇）..................................162
后　记..192

序 言

　　宝宝瑞出生前,我一直认为从事哲学研究与儿童教育是两条无法相交的平行线。可随着我对哲学研究得深入,以及我在宝宝瑞慢慢成长的过程中对他密切地关注与交流,我越来越感觉到这两条平行线竟然在慢慢地靠近,甚至产生了交集。他喜欢思考,喜欢问"为什么",我发现他不仅希望理解各种现象产生的原因,还想追究事物背后的目的和动机,而且也尝试着进行自己的推理。进而我发现包括"困惑"、"追问"、"反思"、"质疑"、"批判"等这些儿童所具备的思想特质和天性正是我对哲学本质的理解。因为哲学的本质就是困惑、追问、批判、质疑和反思,哲学是追寻智慧、探寻困惑的过程。而对绝对认识的发问意向、在哲学对话中"高超的"争辩能力,以及追求智慧的愉悦精神都让儿童展现出了哲学家的高贵姿态。我们可以说儿童就是天生的哲学家。儿童的特质是在儿童的世界里充满着问题,他们喜欢提问,也喜欢不断地追问,儿童是游戏式思维的生活方式。而且他们的提问具有哲学色彩,因为他们对有限、无限、本源、生命的追问已经涉及到哲学家终生困惑和探讨的问题。儿童在很多哲学领域,包括形而上学、道德哲学、心灵哲学甚至政治哲学和美学都可以与成人对话。虽然儿童的语言能力还远远不如成人,但是儿童却能以其对一切都感到新鲜的眼睛和耳朵发现问题,并能以最原生态的思维去思考问题。他们没有被社会化、程式化的"教育"所侵染,还保留着自然率真的本性,所以对成人所谓的"傻问题"是执着的。而我认为哲学恰恰就是对这些"傻问题"深度追问的过程。当我逐渐意识到哲学与儿童的深刻关联，尤其是儿童困惑、提问、质疑、批判的特质就是哲学的本质时，我就被深深地吸引到了儿童的世界。我把目光转向了儿童哲学教育的研究。于我而言，其中的世界广阔且无垠，其中的意蕴丰富且饱满。

一方面，我更加注重与宝宝瑞的互动。我与宝宝瑞一起读书、一起看电视、一起旅游……在其间观察他的行为，并不断地与他交流。我不放过任何可以探寻他思想世界的机会。可以说在日常的交往中，我和宝宝瑞的对话主题已经涉及到了哲学研究的诸多分支，譬如形而上学（本体论）、道德哲学（伦理学）、知识论、逻辑学、心灵哲学和政治哲学。具体涉及存在、本质、逻辑、生死、爱、幸福、勇敢、公平、善良、诚信、人与动物的关系、动物的权利、科学与信仰、科学的本质和界限、身心关系、人工智能、本我自我超我、美感体验等问题。

另一方面，我也开始慢慢思索儿童哲学，并对我们对话所涉及到的相关哲学问题进行重新深入地反思。我就"儿童是天生的哲学家"命题，提出了儿童的特质：问题缘、问题续和游戏式思维的生活方式，并加以论证，以及挖掘其根源。我认为儿童是天生的哲学家，所以不能磨灭儿童的哲学天赋，要对儿童进行哲学教育。我提出儿童哲学教育的目标就是要重新挖掘儿童心中的宝藏，让儿童呈现真实纯粹的自我，更好地将儿童的哲学特质展现出来。我还探索儿童哲学教育的意义，即哲学化是儿童综合素质培养的灵魂。最后我尝试提出儿童哲学教育的措施——"儿童哲学情境构建儿童自身"。

我和宝宝瑞就像两条相互传染困惑的𩺰鱼，对生活中所提出来的哲学问题，双方都陷于困惑，然后双方就这个困惑展开交流和讨论，在其中我们的思想得到了共同的发展。我和宝宝瑞将各自的优势进行互补，"完美"

地结合。在哲学（困惑、问题）的讨论中，宝宝瑞追问的天性、清新的想象、创意的发现、认识事物的渴望、情感的单纯敏感、没有被社会化的原初视角、解决问题的思路……无一不启发着我；同时我相对丰富的理论储备和较强的语言抽象能力又扩展着宝宝瑞的思想边界。我们在对待问题和探究困惑时所有的差异都开阔了各自的思路和视野。在我看来，儿童所生活的概念世界在结构上与我们不同，但正是这种不同让我们有了继续交流对话、相互批判质疑和反思的可能。可以说在没有宝宝瑞之前，我所接受的关于儿童的观念与我后来所发现的儿童形象有着巨大的差异，在与宝宝瑞对话的过程中改变了我最初对于儿童观念理解上的偏差。我开始试图发现儿童世界里所潜藏的丰富内涵，并从多重视角对儿童哲学教育进行重新反思，深入思考儿童的精神世界。在我看来，唯有在理解儿童的基础上，真正的儿童哲学教育才有可能实现。我认为与儿童对话、观察其行为是理解儿童最好的手段。儿童哲学的构建不仅对于儿童自身有益，而且对于成人认识自身来说更是具有意义。总之，"儿童哲学"的目的不仅仅是教育儿童，更在于使成人与儿童的精神世界共同成长。

这本著作共分为六个部分。

第一部分探讨我的哲学观，即我理解的哲学是什么，哲学的意义是什么，论证哲学与生活的关联。在我看来哲学的本质是"困惑"、"质疑"、"追问"、"批判"、"反思"。"困惑"是哲学的核心、"追问"是反思对话—批判得以展开的方式。追寻智慧、探寻困惑的过程就是哲学的本质。

第二部分通过生活的践行，即我与宝宝瑞的对话引出哲学与儿童的关系。我选取了宝宝瑞四岁到九岁之间，我们探讨过的一些哲学主题：形而上学（本体论）、道德哲学（伦理学）、知识论、逻辑学、心灵哲学和政治哲学，其中包括就一些"困惑"（譬如关于存在、本质、逻辑、生死、爱、幸福、勇敢、公平、善良、诚信、人与动物的关系、动物的权利、科学与信仰、科学的本质和界限、身心关系、人工智能、本我自我超我、美感体验等问题）展开的对话。还有，我们一起阅读绘本、中外历史故事、中国古诗词，体会着绘本中的意蕴、故事中的沉思和诗词中的哲美，并引发追问和思考。我们在《重要书》中追问"形而上学的本质问题"；在《森林大熊》中触碰梦境与真实的问题；在《田鼠阿佛》中探讨社会政治哲学的"工作"概念和类别问题。在中外历史故事中分析伦理学问题，以及在中国古诗词中领会集历史、文学与哲学于一体的诗词灵韵。最后我还记录了宝宝瑞在日常生活中对"好奇"、"困惑"、"探究"问题的思考和理解。同时也阐发了我对这些哲学相关问题的再度反思和深化理解。

第三部分我就"儿童是天生的哲学家"进行解释和论证，提出儿童的特质就是问题缘、问题续和玩游戏。儿童对世界充满好奇、愿意提问，儿童的"问题缘"特质使儿童无限地接近哲学家，他们对世界所提出的问题也无限地接近哲学问题。就"问题续"而言，他们更愿意追问，他们有着不达目的决不罢休的探索精神。儿童以游戏作为自己的生活方式，他们在游戏中与万事万物建立联系，并产生意义。儿童在游戏中展开和呈现出丰富的想象力。在游戏中儿童与世界真正地融合，打破了"身－心"、"主－客"、"人－自然"的分离。之后我追溯"儿童是天生的哲学家"的根源，在我看来儿童内在蕴含着原初的生命力和原始思维，他们身心未分化的原初性、直觉的直接性等特征使他们天性不受社会"文化"的束缚，他们会突破社会化预先规定的任何外部设计，使其与生俱来的力量不受任何约束地彰显出来。

第四部分我提出儿童哲学教育的目标就是要重新挖掘儿童心中的宝藏。在这部分我借鉴了德勒兹等哲学家的思想，并通过一个西班牙短片《Alike》（相似）对传统的儿童教育进行了批判：传统教育是成人需求和单一的外在目的性，将追求标准答案作为衡量一切的标准。这样的"标准教育"毫无开放性、生成性和多元性。在这样的教育下，儿童的创造力、差异性和多种可能性都被剔除了，扼杀了儿童"问题缘"（提问）和"问题续"

（追问）的哲学天性。所以我强烈主张趁着儿童在"可塑性"最强的时候，把他们的内在力量激活，把哲学思维延展开来。这些为成人提出了要求：成人应该重视儿童哲学，并创造条件促进儿童哲学的产生与发展；成人要思考如何将哲学教育渗透到日常的家庭和学校教育中。最后我提出儿童哲学教育的目标：释放儿童的生命活力，保护儿童的哲学天性；培养儿童形成哲学思维（逻辑思维的能力；交流对话的能力；创造性思维的能力；批判性思维的能力）；促进儿童自我价值感、自信心、自我意识的积极发展；帮助儿童主动寻找生活的意义。

第五部分我通过几个动态模型和图表（"才能模型"、"人才模型"、"综合素质模型"、"儿童哲学目标与才能提升目标一致性"图表、"儿童哲学化对综合素质培养的意义"综合图表）来论证儿童哲学教育的意义。在我看来儿童哲学化对儿童综合素质的提高起着决定性的作用。因为"哲学素养"（具备哲学的反思性、追问性、批判性）是作为最基本的动力因素内化到人的综合能力之中的。譬如哲学素养中表现出的对事物的惊奇是儿童探索世界的内在动力；哲学思维的养成对于儿童思维激发具有促进意义；哲学思维的形成对于儿童元认知建立具有奠基意义；哲学对话有利于儿童沟通技巧和沟通能力的提升；哲学的宽阔视野有利于儿童思想领域和想象力扩展；哲学思维的培训对儿童多种才能发展具有积极意义；哲学思维的综合、分析和网状交织能力的建立对于儿童深层探索知识领域具有至关重要的意义；"认识你自己"让儿童能够发现并实现自己的潜质；自我意识的觉醒对于儿童自尊心和自信心建立具有指导意义；哲学素养的形成有利于培养儿童的个人及社会责任感，等等。

第六部分鉴于儿童哲学教育对于儿童综合能力提高的积极价值，我提出构建一种教育模式，这种教育模式能将儿童的认知挑战与共同探究、思考和反思的过程相联系，能以有力的方式为儿童认知以及元认知能力的发展提供一个空间。也就是说，这种教育模式能让儿童进行充分的哲学思考（包括充分地提问、对话和讨论）。那么我提出构建一种具有内在关联的、充满哲学意蕴的儿童哲学情境。通过吸收一些哲学家，包括卢梭、杜威、海德格尔、狄尔泰、马修斯、李普曼、德勒兹、施密茨等人的思想观点，以及同宝宝瑞几年来的哲学对话践行，我提出"儿童哲学情境构建儿童思维自身"的观点，并通过"儿童哲学情境建构的内涵"、"儿童哲学情境建构的意义"、"儿童哲学情境建构的实践"三个方面进行探讨。在"儿童哲学情境构建的内涵"中我认为对于儿童哲学教育应建构一个包含提问、哲学对话（包括追问和讨论）的事态和体现哲学意蕴整体性的儿童哲学情境。之后我通过儿童哲学情境中的身心体验、意蕴的直觉性把握和情感诱发潜能几个角度来阐释儿童哲学情境的意义。最后我提出儿童哲学情境构建的实践内容——思想实验、阅读理解、猜谜语、绘画阐释、舞台表演等。而且要在所有情境实践中渗透认识论、伦理学，以及人学等哲学问题。儿童哲学情境实践对于儿童综合能力的促进起着积极的意义。在其中儿童的哲学思维能力——分析能力、创造能力、逻辑能力和批判能力等——都得到了培养。我认为儿童哲学情境的构建无论是在家庭环境中还是学校教育中都是至关重要的。家庭教育应注重亲子互动、情感渗透和哲学熏陶；而学校教育则要以儿童哲学作为教学原则，使哲学成为学科之间的桥梁。在学校学习中融入哲学态度，譬如可以开设"哲学素养培训课程"，训练儿童的哲学思维。

　　这本著作是我在借鉴诸多哲学思想，以及同宝宝瑞践行的基础上凝结出来的儿童教育启示。我设想了一种儿童哲学教育的模式：儿童情境构建，在其中将提问、追问、讨论进行到底。这本书里记录了我和宝宝瑞长达六年生活对话的精华，以及我在这基础上切身的理论总结，见证了我和宝宝瑞的共同成长历程，其中有爱、有智慧。于我而言，这是极其珍贵的，若是也能使其他家长有所关注，并对中国儿童哲学教育有点滴之益，那么这本呕心之作就是值得的。

当然这本书是个案的研究成果，可能不具有普遍性。当然，我也不可能全面深入地阐释儿童哲学的深层理论，只能暂且通过我和宝宝瑞的日常阅读对话等自身的实践探索，构建一个较为简单的理论框架，为儿童哲学家庭启蒙尝试着提供一个可行的方法。这里还需要指出的是，虽然题目为"我和宝宝瑞的哲学对话"，但所指的并非工具性的哲学学习，而是将思考、提问、反思、批判等哲学本质和方法渗透为生活的方式，把对伦理道德、形而上学、存在等问题的理解作为宝宝瑞世界观形成路上的探索。我相信哲学不是达到某种目的的手段，而是由人的困惑所引发的一系列持久的探寻过程。我和宝宝瑞一直都在探索的路上。这本书最大的创新点就是所有的感受都是在与宝宝瑞亲子活动中的切身体会。这本书侧重家庭教育，当然每个家庭的教育环境都具有不同的特殊性，而且每个特殊都会塑造不同的"形象"，但我相信每个形象都是独一无二和完美的。

另外这本书的缘起还有一个情节：那是 2017 年 11 月我去重庆开会，参观了重庆人民出版社，在和出版社的编辑聊天的过程中，曾被建议写一部《昕桐姐姐讲哲学》的著作。我以为玩笑，便搁置在一边。其实当时有几个原因让我放置了这个主题：第一，我个人的哲学造诣不够深厚，不敢轻易以现有的程度走进生活世界；第二，我当时的境况更倾向于对哲学作传统的纯粹论证式研究；第三，我一直认为，成年人很难站在儿童的视角思考问题，如果没有对儿童群体的深入了解，"昕桐姐姐"讲的哲学就是毫无价值的。但而后每一次我与宝宝瑞对话，总有个"儿童哲学"的念头闪现出来，然而这个"儿童哲学"应该怎么做呢？是传授哲学知识？还是沿着儿童的思维引导？以什么样的文字形式出现更有意义呢？最终，我觉得应该真正地深入儿童世界之中，并从我的专业出发，从我现有的理论知识出发，在践行中切身地体会，用真实的故事、真实的语言表达我对儿童哲学的认识，我的感受、我的建议……，我认为这是最有意义的。于是我在 2020 年 5 月开始收集几年来与宝宝瑞对话情境和体会的记录文字，并阅读了一些相关著作，将这些与我原有的思想积累汇聚在一起，用两个月的时间一气呵成了这本《相互传染困惑的魟鱼》。这本书的独特之处就在于：将生活的体验与哲学阐释糅合在一起，这既是宝宝瑞成长历程的记录，又是我哲学心灵被滋养的过程，就像我给这本书定的题目——"相互传染困惑的魟鱼"。我们相互传染着疑惑，在相互传染中、在解惑中且行、且爱、且收获。

而且自 2018 年我的第一本非纯粹哲学论证的、以生活体验出场的著作《无聊之在》出版后，更让我决定抛开一切的杂念，坚定地以自己的方式"做哲学"。可以说自《无聊之在》之后，这本《相互传染困惑的魟鱼》又是我从生活出发到哲学，再从哲学回归生活的践行之作。

2020 年 7 月于哈尔滨

第一章　我所体会的哲学奥秘
——思考追问批判的游戏

经常有人问我：什么是哲学？哲学与其他学科有什么区别？学了哲学对我们有什么用？哲学的意义到底是什么？这些亘古不变的问题像一片神秘而深邃的星空吸引着不断探索和求知的我们。

哲学到底是什么，非哲学专业的学生认为哲学极其玄妙，哲学语言艰

深晦涩，如一扇屏障难以逾越。"明明每个字都认识，为什么连在一起，就不明白了呢？"

也有些人认为类似于周国平的人生哲学就是哲学。

> 许多人所谓的成熟，不过是被习俗磨去了棱角，变得世故而实际了。那不是成熟，而是精神的早衰和个性的消亡。真正的成熟，应当是独特个性的形成，真实自我的发现，精神上的结果和丰收。——周国平《灵魂只能独行》

> 被人理解是幸运的，但不被理解未必不幸。一个把自己的价值完全寄托于他人的理解上面的人往往并无价值。——周国平《人与永恒》

然而当我们真正地接触到了哲学，才发现两者之间的差距仿佛十万八千里。而且哲学不但不是传授做人做事道理的人生哲学，而且以西方哲学为本的哲学与中国哲学的轨迹也绝不相同。譬如以概念、范畴、体系为论证基础的西方哲学就如此抽象、思辨和神秘，我们被各种"主义"困扰，如进迷宫，不知所措。

那么这里我简单地梳理一下西方哲学和中国哲学的历史。

——西方哲学史：

古希腊哲学家探索世界的本源：泰勒斯的"水"，阿纳克西曼德的"无定"，阿纳克西美尼的"气"，赫拉克利特的"火"、恩培多克勒的"四根"、德谟克里特的"原子"；同时古希腊引发了形而上学的开端：毕达哥拉斯的"数"、赫拉克利特的"逻各斯"、巴门尼德的"存在"、柏拉图的"理念"。在这期间产生了古希腊的三贤，分别是苏格拉底、柏拉图和亚里士多德。苏格拉底的"助产术"和"认识你自己"、柏拉图的"理念世界"和"理想国"，以及亚里士多德的"存在"、"实体"和"幸福"等范畴奠定了西方哲学的基础。当然还有以伊壁鸠鲁快乐主义、斯多葛禁欲主义和怀疑主义（悬置判断）为代表的晚期希腊哲学。到了中世纪，基督教与哲学结合起来，包括以奥古斯丁为代表的教父哲学和以安瑟尔谟、托马斯·阿奎那为代表的经院哲学，通过"原罪与救赎"、"本体论"等，用理性证明上帝存在，进而围绕着共相问题产生了实在论与唯名论之争。最后奥康的剃刀标志着基督教哲学的衰落。近代理性主义时期从文艺复兴理性的觉醒开始，发生了认识论转向，就如何确定真理性知识引发了以培根、霍布斯、洛克、贝克莱、休谟为代表的英国经验论和以笛卡尔、斯宾诺莎、莱布尼茨为代表的大陆唯理论之争，但因一方的怀疑论和另一方的独断论使问题的解答走进了死路。康德"先天综合判断"的解决方案拉开了德国古典哲学的序幕。康德提出"先验感性论"、"先验知性论"和"先验理性论"，而后几位思想家费希特、谢林、黑格尔也就"现象界"和"物自体"的关系问题继续寻求未来形而上学的出路，最后以黑格尔的"绝对精神"体系集大成，构建了世界的逻辑结构，使传统形而上学达到巅峰。而作为另一条线索的现代西方哲学则主要探讨如下几个领域。第一，生命本能。悲观主义哲学家叔本华提出意志本原论，论证"作为意志和表象的世界"；而重估一切价值的尼采一方面批判传统理性、道德和基督教，另一方面肯定酒神精神和推崇强力意志，以此追求生命的意义。之后作为"孤独个体"的克尔凯郭尔阐释人生的三个境界：审美境界、伦理境界和宗教境界。柏格森以"生命冲动"、"时间绵延"、"直觉的方法"来探讨生命的冲动；此外还有弗洛伊德的"意识—前意识—无意识"、"本我—自我—超我"的人格理论、"性本能"和"文明的压抑"思想。第二，功利主义和实用主义。功利主义寻求最大的幸福原则，譬如边沁重视快乐的量；密尔重视快乐的质；实用主义的创立者皮尔士提出哲学的使命为"确定信念"、发展者詹姆士提出彻底的经验主义、有用的真理观；集大成者杜威对传统哲学进行改造，提出经验的自然主义和工具主义真理观。第三，分析哲学"逐鹿中原"。分析哲学家认为传统哲学的研究对象"自然"、"上帝"、"精神"已经消失，解救哲学的危机必须进行语言的转向，必须从传统哲学的本体论、认识论研究转入分析哲学的语言表达和公共意义的研究，这也促成了数理逻辑和形式逻辑的发展。分析哲学以弗雷格、罗素、维特根斯坦为主要代表。弗雷格反心理主义，对语言的含义和指称进行深入的研究；罗素提出逻辑原子主义，提出著名的"罗素悖论"和"摹状词理论"；维特根斯坦运用"语言图式论"和"语言游戏说"解决传统哲学的问题。第四，现象学世界。胡塞尔进行现象学还原，"回到事情本身"，即通过一种悬置性态度将一切经验区域的、虚构的思维内容从纯粹思维中排出去，回到先验的"生活世界"。海德格尔因存在被遗忘而追问存在，又探讨艺术作品的本源，并深思现代技术。第五，萨特的存在主义和加缪的荒诞哲学。萨特揭示现实的荒诞性，并通过自在存在和自为存在的分析提出"存在先于本质"思想，以此作为依据论证了人的绝对自由并寻找"自我选择"的出路；而加缪则通过《西西弗神话》展示了人类意识荒谬并抵抗荒谬的决心。第六，马克思的闪亮登场。他以剩余价值和异化劳动理论为基础论证了资本主义的经济秘密，以及通过"实践"、"历史"、"社会"以及"现实的人"等范畴揭示出历史唯物主义，为人类提供了展望人的全面解放的共产主义思想。

——中国哲学史：

在先秦哲学中，孔子讲"正名"，推行"仁学"，他的基本思想是"中庸"和"天命"，所以孔子的认识论就是：生而知之者上也，学而知之者次也，困而学之又其次也；孟子讲"仁政"，推行"性善论"，所以他的基本思想为"养气说"；荀子推行"性恶论"，而礼乐文化则是将人性的恶转变成善的关键。他认为"天行有常"，所以要积极改变世界；老子是道家学派的代表，他提出"道论"，道是天地万物的根源和根本；道是一，道生万物；道是万物运动变化的规律，道无为而无不为，道顺应万物本性，生育万物却不主宰其命运。他认为有无相生，难易相成；祸福相倚；曲则全，枉则直，所以这也是中国古代的辩证法。与老子思想接近的庄子是"逍遥派"，主张绝对的自由，通过坐忘、心斋达到逍遥，不仅要忘掉外界物质世界，而且要忘掉自己的肉体、感官、排除形体、知识，使自己与道为一。他的思想中包含相对主义；墨子提出"兼相爱，交相利"的思想，在墨子的思想中蕴含着浓厚的逻辑学思想，他提出"类"、"故"等概念；并提出知识的三种来源：亲知、闻知、说知，在其中也继承和发展了墨子的逻辑理论：肯定概念是表示可观事物的，他又把概念分为达、类、私三类，并区分尽、或、假三种判断。到了管子更接近于西方哲学所深入的领域，他著有《心术》、《白心》，认为精气就是道；精气是产生天地万物的根本；人的身体、智慧、灵魂都是由精气构成。而且他提出静因之道，认识事物要摒弃偏见，排除杂念，按照事物本来的样子理解认识；之后《易传》讲阴阳（天地万物都有阴阳两个方面；阴中有阳，阳中有阴）和辩证法（一阴一阳之谓道，刚柔相退而变化生；一切事物的产生和变化都是由于阴阳对立面的交配、交合、交接的结果）；之后法家学派的韩非子提出"法术势"的君主统治学说，他的思想中循自然观和无神论（否定鬼神、否定有意志的"天"），而且区分了道和理（道是万物总体的规律；理是每一具体事务的具体规律。）

到了汉唐时期，董仲舒将阴阳家的天人关系与儒家的政治、社会哲学结合在一起，董仲舒提出了中国哲学的宇宙观，即宇宙由十种成分组成：天、地、阴、阳、五行的木、火、金、土、水、人。当然他也有中国特色为人处世的社会伦理哲学，那就是三纲五常，即君为臣纲、夫为妻纲、父为子纲；仁、义、礼、智、信。杨雄认为事物变化要达到一定"极"（限度）；把阴阳变化分为九段。桓谭"以烛火喻精神"，烛尽火灭，形毙神亡；否定精神独立存在。王充否定有意志的天：天地万物变化都是元气自身运动的结果，还认为人与物都是元气所成。王弼认为天地万物皆以"无"

为本：无不是虚无，无是天地万物的无形无相的根本；无是无形无相，是本，有是有形有相，是末。并提出"得意忘象"思想。郭象认为"道"是"无"：道无所不在，而所在皆无。他的"独化"说便讲：天地万物的生成和变化都是自然而然的，不是任何东西"为"和创造的；天地万物的生成变化都是各自独立、互不相关而突然发生的。而晋唐道教哲学主张"道生元气生天地万物"、"重玄之道，非有非无"、"万物禀道生，道与万物是隐、显的关系"。隋唐佛学有"三论宗"、"天台宗"、"净土宗"、"律宗"、"密宗"、"唯识宗"、"华严宗"、"禅宗"。之后还有韩愈的"道统说"、李翱的"复性说"和柳宗元的"元气论"。

宋元明清哲学：宋初宇宙发生论者李觏的"太极"（太极是天地未分之前的元气，太极分化为阴阳二气，二气交汇形成五行万物）、"元亨利贞"（事物的开始、事物的成长、生存条件、事物发展显示自身的基本特征）和"五行相生相克"；王安石的"五行"（万物的体质、性能、形态以及他们所处的时间和方位，都由五行决定）；周敦颐的"太极"和"神"（宇宙的最初阶段是"无极而太极"；无形无象的"无极"是指最高实体，最大的统一体"太极"动起来就产生"阳"，动到极点就静下来生出"阴"，一动一静分化出了阴阳二气，阴阳二气交互作用，生出五行万物。"太极"的动静无形无状，微妙不测，称之为"神"）。宋明理学的二程提出"天者理也"、"格物穷理"、"存天理灭人欲"；朱熹的思想为"理"（理是事物的规律、道德上的基本原则；理是事物之所以为事物的根据，是"第一性"的）、"太极"（每一物有各自的理，而太极是万事万物最根本、整体的理）、"气"（理是第一性的，创造万物的根本；气是形而下的，创造万物的材料；天下未有无理之气，亦未有无气之理）、"人性"（性分为天地之性和气质之性）；宋明心学有陆九渊和王阳明。陆九渊的思想是"心即理"和反省内求；王阳明的心学思想是心外无理，心外无物，心外无事，心是世界万物的根本。他的"致良知"思想是：认识来源于内心，对本心良知的自我认识；人人皆有良知，只是有些人的良知被遮蔽住了。还有他的"知行合一"思想：知是行的主导，行是知的体现；知是行的开端，行是知的完成。

这就是西方哲学和中国哲学的思想发展历史。现在我们再回过头来继续追问"什么是哲学"？苏格拉底说：哲学是人的思想本性。马可奥勒留说：哲学是指挥人的东西。歌德说：人生的每一个阶段都有与之相对应的哲学——哲学是人们的价值尺度。黑格尔说：哲学是"对时代精神的实质的思维"，"是精神世界最盛开的花朵"。马克思说："每一种真正的哲学是它的时代精神的精华，所以必然会出现这样的时代；那时哲学不仅从内部即就内容来说，而且从外部即就其表现来说，都要和自己时代的现实世界接触并相互作用。"看来就哲学的认识，每个哲学家都有自己的立场，很难严格确定。我们就用教科书上给出的定义来分析。"哲学是一种从总体上把握世界的人类智慧，是一种理论形态的世界观，世界观是人们关于世界的根本看法，哲学是通过一系列概念、范畴、命题和理论论证而形成的关于世界总体的思想体系，是理论化、系统化的世界观。"[①] 这里的关键词是"智慧"。古希腊人讲哲学就是 philosophie（"爱智慧"）。"Philosophy"是从古希腊文"philein"（爱）和"sophia"（智慧）这两个词演化而来的。所以哲学研究就是追求智慧本身，对智慧的追求就像汹涌不息的河、永远燃烧的火焰一般执着。而且智慧不同于博学，智慧表现为一种穿透性的思想力量，它使人们直奔事情的本质和前提本身，从而把思想引领到一个新的境界。在俞吾金看来，哲学上的智慧表现为一种超卓生活和汗牛充栋的理论著作，又随时可以超拔出来，不为所乱。"哲学不满足于罗列现象，它的任务是挖掘出隐藏在现象深处的东西。"[②] 另外哲学是思想体系，需要

[①] 《马克思主义哲学》，马克思主义理论研究和建设工程重点教材，高等教育出版社2009年版，第1页。

[②] 俞吾金：《思考与超越——哲学对话录》，人民出版社2015年版，第72页

通过一系列概念、范畴、命题和理论论证，而不是凭空的想象。

所以我从三个角度去阐释哲学的本质。
——哲学是特殊的思考方式，哲学的内容是思想本身。
——哲学是永无止境的追问，哲学追求的是事物本质。
——哲学是一种批判的思维，哲学是切中现实的旨归。

第一，哲学是特殊的思考方式，哲学的内容是思想本身。

"特殊的思考方式"是指哲学家的思考角度与常人的思考角度不同，常人只从可以直观的一个角度看问题，而哲学家的思考常常另辟蹊径、与众不同。譬如柏拉图从洞穴的影像想到了理念世界。在一个地穴中有一批囚徒，他们被锁链束缚，只能看面前洞壁上的影子。在他们后上方有一堆火，有一条横贯洞穴的小道；沿小道筑有一堵矮墙，如同木偶戏的屏风。人们扛着各种器具走过墙后的小道，而火光则把透出墙的器具投影到囚徒面前的洞壁上。囚徒自然地认为影子是唯一真实的事物。如果他们中的一个碰巧获释，转过头来看到了火光与物体，他最初会感到眩晕，但是他会慢慢适应。此时他看到有路可走，便会逐渐走出洞穴，到阳光下的真实世界；到那时他才处于真正的解放状态，意识到以前所看到的世界只不过是影像，是不真实的。[①] 这里在柏拉图看来，洞穴之中的世界就比喻为可见世界，而洞穴外面的世界则比喻为可知世界。再或者我们对于"历史"的理解，哲学家心中的历史不是众人眼中的历史，也不是历史学家记录的历史。简单地说，众人追问的"历史"所寻求的答案是：历史是顺着时间发生的生活中的事件的连续描述，譬如从盘古开天辟地到唐宋元明清；历史学家追问的是"历史的真实性"，从而他为自己寻求的答案是：社会生活

---

① 参见张志伟主编：《西方哲学史》，中国人民大学出版社2002年版，第68页。

中最有决定性影响和作用的事件，严格按时间顺序记录下来的历史；而哲学家追问的是"为什么人类历史是这样的，而不是那样的，人类历史如何起源、如何发展、如何预言，人类何去何从？"

哲学的内容是思想本身。哲学把思想作为一种素材进行加工整理，也就是，我为什么会这么想，他为什么会那么想。他思想出来的理论我再加工。譬如经验论认为，一切知识都必须源于经验；唯理论又说，对科学知识来说仅有经验是不够的，它们的普遍必然性只能是先天的。如果知识必须建立在经验的基础之上，知识就不可能有普遍必然性，如果知识有普遍必然性，它必须是先天的而不可能建立在经验的基础上。就这样的经验论和唯理论之争，康德实现了"哥白尼式的革命"，康德把知识和对象的关系颠倒过来，让对象符合知识即固有的认知形式。康德认为，我们的知识的确需要建立在经验的基础上，但进行认识活动的主体也应该具有一整套先天的认识形式，这套认知形式在经验之先且作为经验的条件已经存在于我们的头脑中，因而便使知识具有了先天性或者说普遍必然性。经验为知识提供材料，主体则为知识提供对这些材料进行加工整理的形式。

第二，哲学是永无止境的追问，哲学追求的是事物本质。

亚里士多德认为哲学源于好奇。人们面对大自然和人类社会时，对世间的万千气象产生一种惊奇之感，并不断地追问人与自然的关系、人类与社会的关系，以及对自我的认识。这种由于惊异而产生的问题意识构成了哲学思维的开端。宇宙万物神秘莫测，我们的人生矛盾悖论，世界永远在问题之中，人类是在对问题的追问中前行。在我看来只有不断地追问，才不会愚笨于自以为是的世界里。人在追问中才能体会人之为人超越万物的优越，才能感受人生在世的挑战和意义追寻的快感，人为思想而生，在思想的追问中摆脱蒙昧。

那么什么是追问呢？让我们从"特修斯之船"的例子开始：

一艘名为"特修斯"的船在海上航行几百年，它不间断地维修和替换部件。譬如一块木板腐烂了，就替换新的木板，一个零件旧了就替换新的，以此类推，直到所有的功能部件都不是最开始的那些了。

那么问题就是，最终的这艘船还是原来的特修斯之船吗？还是一艘完全不同的船？特修斯之船被称为世界十大悖论之一，它所思考的是：假定某物体的构成元素全部被置换后，它还是原来的物体吗？或者我们换个例子，一个偶像组合，不断地更换成员，最后，之前组合的原本成员全部被替换了，那么这个组合还是原来的组合吗？

如果你说："不是"，

我会追问："为什么不是？"

我会追问："如果不是原来的船，那么在什么时候开始它就不再是原来的船了呢？"

我会追问："如果将特修斯之船更换下来的材料再建造成另一艘船，还可不可以叫特修斯之船？"

我还会追问："如果不是船，而是人，人每天都在变化，细胞更新，甚至几十年后细胞被更换了一遍，你就不是你了吗？"或者说："你还叫你原来的名字，但你还是不是你？"

如果你说："是"，我也会继续追问："为什么是？"

如果你从"同一性"角度去思考，你认为不断地更换船上的零件并没有改变船的本质，它依旧是船，不会变成飞机。或是你从"时间和空间的经历"来看，它虽然不断地更换零件，但依旧保持着时间上的连续性，而更换下来的材料组成的另一艘船没有那个时间与空间的经历，便不是"特修斯之船"这个命名或者说代号所带来的意义。就像一件艺术品"维纳斯",即便它的元素被重新分解,变成和原来一模一样的东西,也不会是原来的"维纳斯",因为没有重回那个时空所产生出来的意义便成了不同的物品。

那么我还会继续追问:"你说的是物体,那如果是人呢?还存在随着时间逐渐改变的同一性问题吗?即随着生命的成长,你身体里的细胞不断地死去又不断地更新。你的思想同样在变。你小时候所想的和现在的你所想的完全不同,曾经的想法和认知所剩无几。这些思想、记忆、信念和性情也随着你的成长不断地被取代。那么你还是不是你?"

我想起卡夫卡的《变形记》里的男主人公格里高尔有一天早上变成了甲虫。他虽然变成甲虫,但是仍具有人类的意识。

那我接着追问:"人的持存依赖的是什么?"

你说:"人的身体器官的同一性。"

那么我说:"科技的发展,人类身体的每个器官都可以被移植或人工合成替代。"

如果你说:"是我们的思想意识。"

那么我回复:"是不是只要你的意识继续,就说明你还继续地存在呢?如果有一天一个人拥有了你的记忆,想法和个性,那么是不是代表你已经不存在了呢?意识的转换是不是就是人的转换?而意识连续性就是人的同一性呢?"

我还会追问:"未来科技、人工智能、基因模拟,损坏的大脑都能重新生长,拥有之前的记忆、心理和个性,那么这个人还是不是原来的那个人?或是通过克隆技术,你所探讨的身份逻辑就不再适用,'连续性'也不再成为关注的焦点。"

……

所以说，人只有在问题的追问之中才进入了哲学境遇，对疑惑的追问是哲学研究者的基本素养，只有专注于不断地追问，而且努力地去解决，才是哲学的起点。正如柏拉图的《泰阿泰德篇》中苏格拉底所言："这种疑惑感是哲学家的一个标志。"①

第三，哲学是一种批判性的思维，哲学是切中现实的旨归。

哲学需要具有批判性思维，不能做现成思想的门徒，不能在现成的哲学理论或是流行的思想中迷失自我。如果研究海德格尔的学者成了海德格尔的门徒，研究尼采的学者甘心做尼采的俘虏……，那么学者就仿佛一座座大厦走进去便出不来了，在里面粉饰装修，却早已忘记了大楼的地基是否稳固。

哲学的批判性思维就是去弊意识，清理认识的根基。正如吴晓明所言"澄清前提，划清界限"。所以批判不是无原则无根据地说"no"，而是要对前提的基础进行批判。就像马克思对资本主义政治经济学进行批判，马克思认为资本主义政治经济学的前提基础本身就是错误的，即资本主义经济学家，无论是亚当·斯密，还是大卫·李嘉图将社会现实置于"虚构的原始状态"的这个前提就是荒谬的。哲学的批判性思维还强调对所探讨的概念进行界定。譬如我们讨论"男女之间有没有纯洁的友谊？"那么在回答"有"还是"没有"之前，首先需要界定你对"纯洁"和"友谊"的理解。哲学是切中现实的旨归，是融入生活的反思。任何时代都需要哲学非凡的智慧和对事物本质的穿透力，去辨认事物的真相和假象。哲学不是只关心宇宙、上帝、灵魂，还要深刻把握现实生活的本质和未来的发展趋势。我们"需要通过批判性的反思不断地清理大脑里的先入之见，保持哲学思维的前沿性和灵活性，确保它与现实生活之间的亲和

---

① 柏拉图：《柏拉图全集》第 2 卷，王晓朝译，人民出版社 2003 年版，第 670 页。

性与互动性。"① 哲学既要融入现实又要超越现实,既要置身于生活的激流中,又要从中脱离出来,保持自身独立的批判意识。正如俞吾金所说:"既要深入现实生活,与现实生活打成一片;又要从现实生活中超拔出来,保持自己独立的思想和学科尊严。"②

总之,哲学是关于宇宙、人生意义的追问,是终极性的思维,是人的思想本性。苏格拉底把思维着的人作为万物的尺度,他像牛虻一样不断地叮咬着昏昏欲睡的雅典人,试图唤醒他们心中的自主意识和独立意识。哲学存在于生活之中、存在于人们思想和灵魂的深处。哲学是特殊

---

① 俞吾金:《思考与超越——哲学对话录》,人民出版社 2015 年版,第 60 页。
② 俞吾金:《思考与超越——哲学对话录》,人民出版社 2015 年版,第 72 页。

的思考方式，是永无止境的追问，更是带着批判性的思维切中现实的旨归。在我看来，哲学的本质就是困惑、追问、批判、质疑、反思，即哲学就是追寻智慧、探寻困惑的过程。只有哲学，人类才能从蒙昧走向澄明。

第二章　我与儿童的哲学之旅
——我和宝宝瑞的哲学对话

自从宝宝瑞出生（2010 年 10 月），我开始发现哲学研究与亲子经历这两条平行线在慢慢地汇聚。那么这两部分是如何在我心中产生交集的呢？"哲学"和"儿童"又有怎样的共通之处呢？

宝宝瑞慢慢长大，总是问"为什么"，譬如"天为什么是蓝色的"、"为什么五颜六色的蘑菇有毒？"……而且他的思想世界不是我们成人原以为的那么简单和直接。我记得在宝宝瑞大约 4 岁时，我在房间看书，他在我旁边听绘本，那时候他还不识字，就用一个点读笔在绘本上点读一个故事。那是《幼儿画报》2014 年 3 月那期里的一个故事。

"摸天树"

毛毛虫小镇搬来一家新住户——熊爸爸、熊妈妈和小小熊。

小小熊马上和小镇上的洗车伙伴们成了好朋友。

有一天，红跑跑带小小熊去兜风。他们来到一棵大树旁。红跑跑对小小熊说："这是毛毛虫小镇最有名的摸天树，爬上这棵树，就能摸到天上的云彩。"

她垂下头，又遗憾地说："可惜，我不会爬树，要是能扯块云彩做纱巾，那该多好啊！"

小小熊看了看大树，又望了望天上的云彩，没有说话。

第二天一大早，小小熊一个人悄悄跑到摸天树下，活动活动手脚，抱着树干往上爬。

小小熊爬呀爬，爬到树杈上，歇一口气，接着往上爬。

他越爬越高，树枝也越来越细，小小熊觉得树枝颤巍巍的，心想：这树枝可别断了。

小小熊往上看看，离天还挺远，他又往下一看："妈呀，我爬这么高啦。"

小小熊腿有点发软，心怦怦直跳。他吓得不敢动了，呜呜地哭起来："妈妈，爸爸，我下不去啦，呜呜呜……"

小喜鹊飞过来了，他安慰小小熊说："别怕别怕，我去找红袋鼠工程队来救你。"

红跑跑和汽车朋友们急急忙忙跑来了。

熊妈妈急得直哭，消防车火火一摆手说："别急别急，瞧我的。"火火竖起云梯，可离小小熊还差一截。卡卡说："别急，我有办法。"卡卡让火火开到自己的车厢上，云梯够到小小熊啦。小小熊顺着梯子爬了下来。

熊爸爸和熊妈妈紧紧抱住小小熊。

红跑跑跑上前对小小熊说："我不要云彩做纱巾，我要我的好朋友。"

我读完这个故事，宝宝瑞就一直重复着"我不要云彩做纱巾，我要我的好朋友。"然后他还转过头来问我："妈妈，你知道是什么意思吗？'我不要云彩做纱巾，我要我的好朋友。'"

刚开始我没有在意他反复说这句话的用意，直到我认真读了一遍，我才发现，最后一句话其实与前面的连贯性或者说逻辑衔接不是紧密的、一步一步的，而是跳跃的。最后一句的逻辑思路是要靠读者自己的思考才能串连起来的。

于是我反问他："你明白什么意思吗？"

他回答："当然知道了，小小熊爬树要给红跑跑扯云彩…小小熊很危险…红跑跑知道小小熊为了他……好朋友……"他的语言不完善，但我明白他想表达的就是：红跑跑的感动和朋友的意义。

这个最早的"光亮"让我开始意识到，他的精神世界已经开启，在思想上我们是平等的。于是我开始慢慢地观察、经常与他对话，探究他的思想。我发现他不仅希望理解各种现象产生的原因，还想知道事物背后的目的和动机，而且也尝试着进行自己的推理。我发现他思想的特质，包括"困惑"、"追问"、"反思"、"质疑"、"批判"等这些儿童的天性正是我对哲学本质的理解。我发现儿童与哲学有潜在的关联，因为儿童通常对这个世界充满好奇和困惑，儿童最喜欢提出问题，喜欢追问、批判和反思。可以说儿童进行哲学思考是天生的本能，就像做游戏一样，这是人之成长为人的一个重要部分。而且我认为哲学特质在儿童时代就已经显现出来。很多哲学需要解决的问题，譬如"存在"、"生死"、"价值"、"爱"等的认知内容和对道德问题的反思，在儿童的思想世界里就有所萌芽。儿童在很多哲学领域，包括形而上学（本体论）、道德哲学、心灵哲学，甚至政治哲学和美学都可以与成人对话。虽然儿童的语言能力远不如成人，但是儿童却能以其对一切都感到新鲜的眼睛和耳朵发现问题，并能以最原生态的思维去思考问题。而且成人容易形成习以为常的思维定性，以至于不去深思，认为一些问题是"傻问题"。譬如他们会说："天就是蓝的，彩色的蘑菇就是有毒，人都会死的……不用问为什么，记住就得了。"而儿童没有被社会化、程式化的"教育"所侵染，儿童对社会中所谓的规则与标准尚未内化，还保留着天然率真的本性，所以对成人所谓的"傻问题"是执着的。而我认为哲学恰恰就是对这些"傻问题"深度追问的过程。就像马修斯所说的:"他们带着天真无意中闯进了哲学王国。这种天真不是成人刻意去培养的。孩子并不觉得提出古怪的、幼稚可笑的诸多问题有什么不妥。"①

当我逐渐意识到了哲学与儿童的深刻关联,尤其是儿童困惑、提问、质疑、批判的特质就是哲学的本质时,我就被深深地吸引到了儿童的世界。我把目光转向了儿童哲学教育的研究。于我而言,其中的世界广阔且无垠,其中的意蕴丰富且饱满。一方面,我更加注重了与宝宝瑞的互动,我与宝宝瑞一起读书、一起看电视、一起旅游……在其间观察他的行为,并不断地与他交流,我不放过任何可以探寻他思想世界的机会;另一方面,我也开始慢慢思索儿童哲学,并对我们的对话所涉及到的相关哲学问题(存在、生死、道德、爱、科学与哲学的关系……)进行重新地、深入地反思。我们就像两条相互传染困惑的魟鱼,对提出来的哲学问题,双方都处于困惑之中,又就困惑而展开交流,在其中我们的思想共同成长。我和宝宝瑞将各自的优势进行互补,"完美"地结合。在哲学(困惑、问题)的讨论中,宝宝瑞追问的天性、清新的想象、创意的发现、认识事物的渴望、情感的单纯敏感、没有被社会化的原初视角、解决问题的思路……无一不启发着我,同时我相对丰富的理论储备和较强的语言抽象能力又扩展着宝宝瑞的思想边界。我们在对待问题和探究困惑时所有的差异都开阔了各自的思路和视野。在我看来,儿童所生活的概念世界在结构上与我们成人不同,但正是这种不同让我们有了继续交流对话、相互批判质疑和反思的可能。

---

① 马修斯:《哲学与幼童》,陈国容译,生活·读书·新知三联书店 2015 年版,第 132 页。

第一节　哲学对话主题

在日常的交往中，我和宝宝瑞的对话主题涉及到哲学的诸多分支，譬如形而上学（本体论）、道德哲学（伦理学）、知识论、逻辑学、心灵哲学和政治哲学。

那么下面我就重新开启我们的哲学思想之旅。我挑选了几年来（大约是宝宝瑞四岁到九岁之间）我们探讨过的一些主题：形而上学（本体论）、道德哲学（伦理学）、知识论、逻辑学、心灵哲学和政治哲学，譬如关于"存在"、"本质"、"逻辑"、"生死"、"爱"、"幸福"、"勇敢"、"公平"、"善良"、"诚信"、"人与动物的关系"、"动物的权利"、"科学与信仰"、"科学的本质和界限"、"身心关系"、"人工智能"、"本我自我超我"、"美感体验"、"真实与梦境"、"工作的概念和分类"等命题的讨论对话记录……当然其中也有我的一些引导，我把这些对话分享给大家。

哲学对话主题一：形而上学

形而上学，或为本体论，是对存在的研究。譬如关于"我是谁"的问题；譬如"人格的同一性"问题，即是什么让你成为你？譬如"物的同一性"问题；还有关于"真实"的问题，即真实与想象的区别是什么？真实与梦境的区别是什么？怎么判断真实？譬如对"本我、自我、超我"的界定，对"现象与本质"的区分；对于"终极的善"的追问；以及关于"人与动物的区别"，当然还有关于"死亡"等命题。

对话——生与死

早上醒来，我给宝宝瑞讲《海的女儿》，这是我儿时最喜欢的童话，现在读起来仍然感动着，我声情并茂地朗读着，并渲染着气氛，想让宝宝瑞也体会小美人鱼的深情和最后太阳出来后她变成无数美丽泡沫的凄美。读完，我还没有从这个情境中走出来，悲伤地对着宝宝瑞说了一句："多可怜的美人鱼啊，为了爱，宁愿失去自己的生命。"

怎料他随即回了一句："我怎么不觉得她可怜呢。"

我惊住了，我追问"为什么？"

他看着我，小手一摊："命没有了，就什么都没有了，但爱还会再有……"

我的神啊，我呆坐了很久，这是从一个孩子嘴里说出的话？在孩子的精神世界里，生命最宝贵，最重要？难道这就是人原生的那种感觉——作为生命的求生本能？难道这就是人类原初的情感体会，抑或是人类经历了无数，最后回归的原点？

2015.04

后来还有一次我记得我让他选择两种生活样态：第一种，有明确的生活目标，奋力地追逐，但在达到目标的那一刻，譬如终于考上了全世界最好的大学，受到最好的教育，但随着教育的结束，生命也随之完结。第二种，随遇而安地生活到老……。宝宝瑞毫不犹豫地选择第二种。他说"还是活着好。"

2016.02.25

对话——本我、自我、超我

今天宝宝瑞对我说："我有三个我，第一个我是学校里的我，我遵守纪律，很乖、很听话。第二个我是放学坐校车上的我，我很疯，我疯闹、疯玩、狂喊。第三个我是回家后的我，我很放松……。"

我问："为什么在学校很乖？"

他回答："嗯，老师喜欢乖的小朋友，我乖，老师就会表扬我，我喜欢被表扬……"

我接着问:"那为什么放学坐校车时疯狂?"

他回答:"在学校不能这样,所以放学要尽情地玩,尽情地喊。"

随后我接着问:"你更喜欢哪个自己呢?"

(我猜想学校对于孩子应该是很压抑的,他一定是喜欢放学后释放自我的状态,或者喜欢回家安逸舒服的状态。)

但他却回答:"三个我,我都喜欢,都是我自己"。

我有些疑惑,他竟然不反感学校的状态,我以为他是被迫的,被迫遵守纪律。但后来通过观察,还有通过和老师交流,老师对他的评价和认可,我慢慢知道,他也是享受他在学校时的那个角色。

2019.05

对话——现象与本质

最近宝宝瑞经常会说"要透过现象看本质"。

我心想,哈哈,你明白"透过现象看本质"的内涵吗?

我试探地问:"你能通过现象,譬如一个小孩子在学校认真读书、有礼貌,与老师和同学都相处得很好,就确定他是好孩子吗?"

他回答:"不一定,也有可能是假象。"

我接着问:"如果有假象,那你怎么能够辨别?"

宝宝瑞:"还得继续考察,不能只看到一小部分现象。譬如看到一个别墅,你以为里面金碧辉煌,很气派,但实际上里面也许就一条毯子,一个桌子……所以要进到里面去看……"

2018.08

对话——主观与客观

今天早上在家里批本科试卷，宝宝瑞一边玩球一边过来翻卷子，然后问我："为什么没有100分呢？"

我脱口而出："这样的主观试卷怎么可能有满分呢，又不是客观题。"

说完我看他的表情我就知道，我得继续解释"主观"和"客观"了。

于是我说："客观就是有统一的标准，可以通过数字表示，譬如，2+2就等于4。这样，对就是对，错就是错。或者说你现在身高1.3米，能够通过尺度测量，这就是客观的东西。但主观就不同了，没有统一的衡量标准，你认为妈妈漂亮，但别人不一定这么认为……"

我说到一半他就打断我说："哦，每个人都不能打100分，是因为每个人都只能答对一部分。"

我刚想反驳，他也没有按照我的思路思考啊，突然我意识到他说得也没错，或许我们可以这样理解：满分就是圆满，就是终极的"善"，我们每个人都只能趋向"善"，但永远不可能到达。

生活中处处充满了思考，即便你与一个八岁的男孩在交流。

2019.01.12

对话——现代性反思

就在刚才，宝宝瑞突然问我："你说，妈妈，人类进化是进步还是退步？"

我立即兴奋起来，能从一个八岁孩子嘴里问出这样的问题，我十分好奇，于是我让他把他想表达的东西写下来。

看完他写的作文，我非常感动，因为在我看来，作文最重要的就是思想而不是华而不实的描述，而思想就是对社会、对自我、对世界的反思和追问。

宝宝瑞的这篇小文虽然思想还不完全连贯，但其中充满了对自我的关注和对社会的讽刺和批判。

宝宝瑞作文：人类的进化

人类的进化究竟是一种进步还是退步？假如每个人都有两个自己，一个自己在原始时代，一个自己在现代社会。在原始时代的自己就自己打猎，自力更生。在现代社会的自己就衣食无忧、懒懒散散。现代的人太依赖机器了。

但是要学习的东西越来越多，尤其是一名学生，要学习的东西像汹涌的大浪一样扑面而来。尤其在中国，要学习的东西简直是其他国家的几倍，可能再过一百年，一千年，现在上大学学的东西都可能是未来小学一年级学的东西，也可能更深。如果奥运会上有写作业比赛，那么中国人肯定金牌满贯。

2019.07.23

对话——生活的意义

宝宝瑞最近学了"缩句"，譬如"美丽的花园里常年洋溢着孩子们欢乐的笑声。"变为缩句就是：花园里洋溢着笑声。

于是他就问我："何必练习缩句呢，直接就说缩句，语言中直接就是主谓宾，多省事……就是语言里根本没有形容词什么的，多好。"

我说："哈哈，不能完全说缩句，语言需要形容词修饰、状语铺垫等等才丰富生动，生活也是一样。就好比你住在毛坯房里，一样能活着，但绝对比不上在你住在装修过的房子里舒适。也好比生活本身，也许生活的'缩句'就是'我活着'，这是内容。但生活如果有'花边'、有'修饰'这些东西，会更丰富和充实。也许你会说：这些是形式，不是内容，也就不是意义。但我想说：有些时候形式就是内容，就是意义。"

2019.12.18

对话——人与动物的关系

一只赴死的乌龟

一只背上有菱形花纹的巴西龟给自己起了个名字叫"力信"，它几经转卖来到了我们家。它瞪着眼睛对我说："你们人类为什么把我抓回来，还到处转卖我，你们这样对待我是剥夺我的自由，损害我的权益……。"

我笑着说："谁叫你是只乌龟呢，你现在的身份就是人类的宠物，供人类娱乐和排遣人类的寂寞。"

它反抗着:"你们人类太自私了,所有的一切都要围着你们转。"

我狂笑着:"我们是万物的主宰,我们的高级决定了我们可以支配一切。"

它愤然:"你们只考虑你们自己的感受,难道我就没有感受,没有情感,没有思想吗?"

我轻蔑地说:"你有吗?你证明给我看?"

从那天起,"力信"伸着脖子不吃不喝。25天后它死了,我也信了它。

——无聊的我

(笔者写的小文)

宝宝瑞前些天刚买的一只小乌龟生病了。他和爸爸一直照顾着,带它去医院,打针吃药。还给放乌龟的水里买保温的设备……

我随口打趣道:"哼,花几十元买的乌龟,现在要花几百元去治病。"

宝宝瑞立即争辩:"我也不能眼看着它死了啊,它是条生命。"

我心想:我当然知道它是条生命,我也不会见死不救的啊。我就是那么一说。

其实我很不喜欢养小动物,并不是因为我不喜欢它们,而恰恰相反,我那么喜欢猫,我都不敢养。是因为我怕和它们建立起来感情,有了牵挂、责任,我就不自由,就不自在了。……我受不了小猫或者小狗守在家门口等待主人回家的场景。

我继续问宝宝瑞:"你说乌龟生病了,它难受吗?"

宝宝瑞:"它当然难受了,它不愿意睁眼睛,还没有力气。"

我:"你说它有意识吗?"

宝宝瑞:"有啊,我和爸爸给它眼睛上药,它害怕得都尿了,它也认人。"

我:"那你说,动物和人有什么区别?"

宝宝瑞:"人是高等动物啊!"

我:"哈哈,'高等'在哪里呀?"

宝宝瑞:"人的智商高。"

我:"智商,什么是智商?"

宝宝瑞:"嗯,就是很聪明,能够分析一些事,嗯……"

我:"对,就是有观察力、想象力、创造力、分析判断能力、思维推理能力……,但其实有些动物也具备这些能力,只不过没有人类强。"

我继续问宝宝瑞:"你还能说出人和动物的区别吗?譬如动物也会搭窝,建造'房子',你说它们是有设计吗?有想法吗?"

宝宝瑞:"应该没有吧。"

我又问:"还有,你说,乌龟知不知道自己是乌龟?"

一旁的爸爸笑着说:"当然不知道,连'乌龟'这个名字都是人给取的。"

我:"但人能够意识到自己的存在。马克思就说人与动物的最大区别是'人能自由、自觉地活动',这个'自觉'就是自己意识到……而且意识是人脑的机能,意识是长期实践的结果。"

宝宝瑞:"难道动物就没有意识?"

我回答:"我认为动物有意识,但是低级阶段,只有人类能意识到自己的存在,而动物意识不到自身的存在,它们没有存在意识。人是会思考，是理智的存在。人会推理、能反思，也有自我意识。"

我接着问："你说我们应不应该依仗智力上的优越性就欺负不如自己的物种呢？"

宝宝瑞："当然不能了。"

爸爸："道德上是不能，但的确存在这样的事实，别说有些人依仗智商高任意地处置动物，人类自己也存在着种族歧视呢。这不都是智商高的欺负智商低的吗？"

沉默了片刻——

我突然又想起来："人不应该欺负动物，但为什么有些动物被人类食用，牛、羊、家禽……它们难道没有生存的权利吗？还有些动物为了消除人类的孤寂或出于娱乐的目的被人类豢养当宠物。难道它们没有选择的权利吗？"

宝宝瑞："嗯，可我们得吃肉啊，怎么办？"

（我想起《武林外传》有一个素食主义者，整天宣扬保护动物，宝宝瑞并不喜欢她，我当时问他："这个女人说得没错啊"，宝宝瑞却反驳我："那你也吃素啊。"我无言以对。）

我："有些动物还被人们宰杀食用，难道它们就没有痛苦或者喜悦的意识？人类吃动物时，考虑过动物的感受吗？有尊重过它们吗？"

爸爸："人是食肉动物，再说，只有人类社会才有权力，人权。动物没有，自然界遵循的是适者生存……一切都得为人类服务。"

我："哈哈，你这是人类中心主义。"

宝宝瑞："什么是人类中心主义？"

我："就是把人类的利益作为依据，只有人类才能做价值判断。一切都要满足人类自己的生存目的。……"

我问宝宝瑞："你说应不应该，一切都以人类为中心，满足人类自身的需要？"

宝宝瑞："不能完全以人为中心吧，还应该考虑其他，至少不能伤害它们。"

我："你说得对，就像人不是独立存在，人也是自然的一部分，人不能破坏自然，而且作为人还是应该考虑人对动物的道德和义务。"

我的反思：

人和动物的区别。人区别于动物，并且"智商"凌驾于它们之上，不在于我们的肉体，而在于我们独有的特征——思想、感知和意识，是这些决定了人的特质。人是会思考、有理智的存在。人会推理、能反思，也有自我意识。

意识是人脑的机能，意识的产生经历了一个漫长的历史过程。意识有能动作用，譬如目的性、计划性、创造性、意识活动能调控人体生理活动。

物种不同，动物没有人类社会的人权。

宝宝瑞的绘画作品

人需要对自己做一些限制，在承认人类自身利益的同时也应该考虑自然存在的内在价值，人类应该有选择性地满足自身需要。任何其他的生命有机体都是紧密联系在一起构成世界的。

我们对待动物不能以思想上的优越性作为凌驾的资本，而是应该考虑我们自己的道德和义务。许多动物不仅有疼痛感，还有回忆疼痛、预见疼痛的能力。因此我们就应该有道德义务让它们避免造成这样的疼痛。尽量避免它们受到伤害，要减轻它们的伤痛。动物的尊严或对自然秩序的尊重等问题还是值得进一步探讨的。

2020.06

哲学对话主题二：道德哲学

道德哲学是对人类社会伦理道德的研究。譬如关于"美德"，什么是美德？为什么需要美德？关于"生活的意义"；"善与恶"；"权利与义务"；"平等"；"正义"；"幸福"；"快乐"、"价值"等命题。

对话——爱

昨晚睡前，我和宝宝瑞说："Good night，I love you! 妈妈爱你。"

他突然问我："爱是什么意思？"

我说："爱就是啊……希望你快乐，希望你好，你不在身边的时候，特别想念……。"

然后他竟然说："妈妈，你在上海的时候，我就是这种感觉"。

一个不到五岁的小朋友有这么艺术和含蓄的"表白"，我既感动又自豪。

2015.08.22

对话——幸福

刚带着宝宝瑞去做头发，在沙龙里他坐在后面的沙发上看着镜子里被摆弄着头发的我，突然说："妈妈，你觉不觉得坐在沙发上，看着五彩的灯，听着好听的音乐是一种享受。"

我笑着说："你知道'享受'是什么意思吗？"

他回答道："嗯，'享受'就是'很美妙'的意思。"

我又问："那'美妙'是什么意思呢？"

他又答道："'美妙'就是'幸福'的意思啊。"

我接着问："那'幸福'又是什么意思呢？"

他笑着指着我："'幸福'就是妈咪。"

我有点感动，我成了他理解一切美好事物的源头。于是坚定地告诉自己：还是要继续保持形象啊，绝不能在他面前发脾气。

2016.04.09

对话——忍让

假期空闲的时候和宝宝瑞一起学习国学，在学习的过程中我一直思考一个问题：西方文化将道德规范与超验实体（上帝）自然融合于《圣经》。而中国传统文化博大精深，追求仁、义、礼、智、信的道德规范，但追究其根源，不是超验实体的支撑，而是内省。

譬如我告诉宝宝瑞要忍让，他就反问我："为什么要忍让？"

我说："忍一步风平浪静，退一步海阔天空。吃亏是福……。"

宝宝瑞却说："别人欺负我，我却要忍让……"

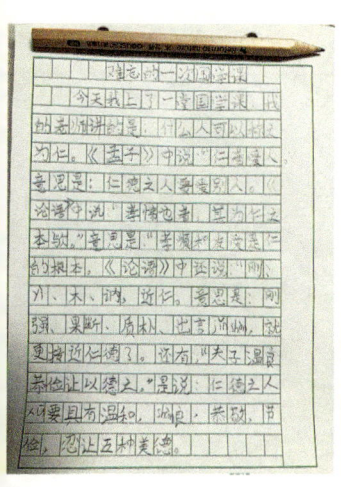

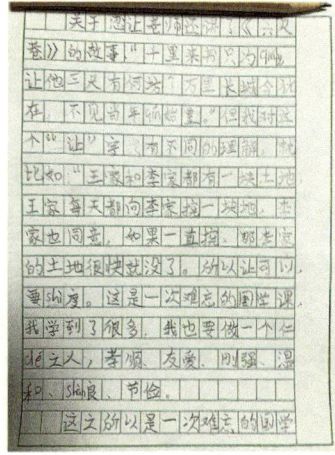

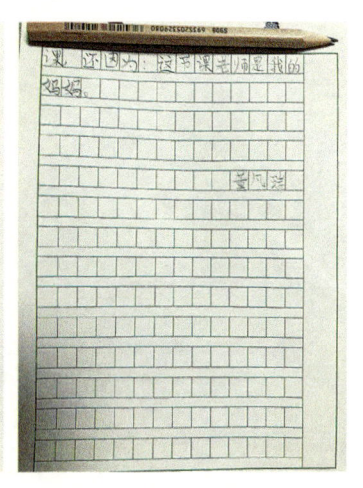

宝宝瑞的作文：难忘的一次国学课

今天我上了一堂国学课。我的老师讲的是：什么人可以称之为仁。《孟子》中说"仁者爱人"，意思是：仁德之人要爱别人。《论语》中说"孝悌也者，其为人之本欤。"意思是孝顺和友爱是仁德根本。《论语》中还说"刚、毅、木、讷，近仁"，意思是刚强、果断、质朴、出言谨慎就更接近仁德了。还有"夫子温良恭俭让以德之。"是说仁德之人需要具有温和、善良、恭敬、节俭、忍让五种美德。

关于忍让，老师还讲了《六尺巷》的故事："千里来书只为墙，让他三尺又何妨？万里长城今犹在，不见当年秦始皇。"但我对这个"让"字有不同的理解，就比如王家和李家都有一块土地，王家每天都向李家挖一块地，李家也同意，但如果一直挖，那李家的土地很快就没了。所以"让"可以，但要有限度。

这是一次难忘的国学课，我学到了很多，我也要做一个仁德之人，孝顺、友爱、刚强、温和、善良、节俭。

这之所以是一次难忘的国学课，还因为这节课的老师就是我的妈妈。

2019.08.29

对话——公平

过年期间,有一天我和宝宝瑞的姥姥要看晚会,宝宝瑞却要看动画片。

我说:"少数要服从多数,所以你要和我们一起看晚会。"

宝宝瑞反驳道:"这不公平,为什么少数就得服从多数?我不喜欢看晚会,你们高兴了,但我不高兴。难道我的快乐不重要吗?"

其实在家庭中这样类似的关于"公平"、"民主"、"快乐"、"意义"话题很多。

譬如吃饭时他喜欢听故事。

我说:"吃饭呢,你吵得我们没有办法说话了。"

宝宝瑞却说:"可是,我想听啊。你们大人说话还干扰我呢。"

我的反思:起初的时候我很少深思这样的问题,我总是用"少数服从多数",或者"你是小孩,就得服从大人的命令"这样的回复搪塞他。但慢慢地,我也开始发现,孩子看似简单的要求里面包含着对"公平"、"民主"、"快乐"、"意义"等哲学问题的诉求。

于是我也考虑这个问题,即多数的意见和快乐真的就比少数的重要吗?这让我想到了"世界著名十大悖论"之一的"电车难题(The Trolley Problem)"。"电车难题"是伦理学领域最为知名的思想实验之一,讲的是:一个疯子把五个无辜的人绑在电车轨道上。一辆失控的电车朝他们驶来,并且片刻后就要碾压他们。然而,你可以拉一个拉杆,让电车开到另一条轨道上。但是还有一个问题,那个疯子在那另一条轨道上也绑了一个人。考虑以上状况,你应该拉拉杆吗?

这里涉及到功利主义的观点:大部分道德决策都是根据"为最多的人

提供最大的利益"的原则做出的。那么从一个功利主义者的观点来看，明显的选择应该是拉拉杆，拯救五个人只杀死一个人。但是每一个人的生命都是唯一的、无价的、至高无上的，难道一定要为了挽救那五个人的生命而牺牲一个人的生命吗？同样，我们也没有权利为了这一个人的生命而牺牲那五个人。既然每个人的生命都是唯一，生命价值都是至高无上的，那五个人的生命价值即使并不高于这一个人，至少也并不低于这一个人。既然没有办法比较每个人生命价值的大小，那么我们就不这样考虑问题……那么应该考虑什么呢？

这个问题仍然是敞开的问题……

其实关于"电车难题"我也问过宝宝瑞应该怎么做。

他说："我什么也不做，就让火车正常开，否则我就成为杀害那一个人的凶手，会受到法律制裁的。"

我说："这里不涉及法律问题。只是你什么也不做，也是一种作为，就像你任何一种选择都是一种作为，而且人还得为自己的行为负责。你选择'不动拉杆'这种行为，那五个人就会因为你的这个选择而死亡。"

宝宝瑞陷入了困惑，深深地叹了一口气："我太难了"。

2019.02

对话——诚信

关于"诚信"，我曾经带着宝宝瑞阅读过相关问题的经典语录。譬如孟子的"诚者，天之道也；思诚者，人之道也。"这句话出自《孟子·离娄上》，意思是说诚信是自然的规律，追求诚信是做人的规律。我还讲了《中庸》作为儒家的理论基础，它把人生中重要内容抽象地归纳为几个字，比如"诚"。"诚者物之终始，不诚无物"，意思是说：一件事自始至终都是包含了真诚的。一个人不真诚，这个事物就不可能成立，也不可能完成。

君子要把真诚这件事情放在生命中最重要的位置上,"是故君子诚之为贵"。还有韩非子的"小信诚则大信立。"即,小的信诚就会建立大的信誉,只有从每一件小事做起,才能建立大的信誉。再小的事也要讲究信用、诚信,长此以往,你的信用度就会很高了。还有《论语·学而》"与朋友交,言而有信。"意思是同朋友交往时说话要讲诚信。最后还讲到了管子的"诚信者,天下之结也。"这是说讲诚信是天下行为准则的关键。一是要从信用取信于人;二是对他人要给予信任。只有诚恳待人,才会取得信任;只有讲信用,你才会有信誉等。

之后宝宝瑞也给我讲了一个故事:"几个人开车旅游,半路在一个荒无人烟的山边突然没有油了。大家都很焦虑和担心,这时来了一个口音很重的乡下男孩,说了几遍,他才知道那几个人的车没有油了。男孩说加油站要翻过这座山。这几个人就拿出一只塑料桶,请求男孩去帮忙买回来,孩子提出要五元的报酬。这几个人给了孩子50元,说买完油剩下的作为报酬。可等了两个小时,孩子也没有回来,他们开始怀疑孩子会拿着钱一去不复还。然而后来孩子终于回来了,腿都被荆棘划破了,鲜血直流。而且掏出剩下的钱,只拿出属于他的五元,其余的都还给了那几个人。尽管他们把钱硬塞进了孩子的口袋,孩子

宝宝瑞的绘画作品

还是腼腆得没有接受。所以他们认为刚才的担忧，是对这个乡下男孩的玷污……。"

2019.01

哲学对话主题三：知识论

知识论即知识的本质、起源和范围。譬如关于"知识的本质"；"人类怎么获得知识"；"我们怎么知道自己知道"等问题。

对话——人与神话

宝宝瑞小时候读的各种中国历史故事的第一篇一定是"盘古开天辟地"。大约八岁时，我有一次问他："你相信盘古开天辟地，女娲补天……吗？"

宝宝瑞回答："不相信，那些都是神话故事，人类是从猿人进化而来的。"

我："为什么会有这样的神话故事呢？"

宝宝瑞："都是人们编的，是人们虚构的。"

我："如果不是真实的，是人们虚构的，那人们凭什么虚构的呢？"

宝宝瑞："我看书，好像是说虚构的东西应该也有一定的生活，一定的模糊的想象依据，也许编神话故事，说人是泥人做的那个人，自己就喜欢捏泥巴……"

我接着问："那你说从什么时候开始，人才是真正的人类？"

宝宝瑞："人类是一点点进化的，最早是猿人。"

我："猿人是从哪里来的呢？"

宝宝瑞："嗯不知道。"

我又接着问："那好，这个问题先放在这，那我问你人类为什么从猿人进化为人,也就是说是什么让人类进化的呢?"

宝宝瑞:"我看过的书里说,人类不断地劳动劳动,就……"

我:"对,人就是在长期的实践过程中逐步进化的,而且人的意识也是自然界长期发展的产物,通过不断地劳动实践,人变得越来越聪明……"

他突然打断我:"妈妈,你是不是又在问我哲学的问题,我看书上说最难解决的问题就是'先有鸡还是先有蛋的问题'。哈哈,妈妈,你说是先有鸡还是先有蛋?"

我反问道:"你认为呢?"

宝宝瑞皱着眉头:"嗯,应该是先有鸡吧,有了鸡,慢慢地鸡才知道下蛋。"

我:"可是鸡是从哪里来的呢?这个和刚才那个'猿人从哪里来的'是一个事情。"

他陷入了困惑……

我于是试着解释:"人不是一开始就是人,猿人不是一开始就是猿人,那我猜想鸡应该一开始也不是鸡,是从某个物种演变过来的……"

我的解读:

关于科学与信仰以及科学的本质和界限。谁可以确切地肯定人类的存在始于何时,又是基于何种前提呢?从什么时候开始,人才是真正的人类?但我们可以知道意识的起源:物质决定意识,意识是人脑的机能,是对客观存在的反映,而且是在长期的实践过程中形成的。

2019.04

对话——美的认识

哈尔滨气温骤降,看着柜子里的衣服,已经想不起来去年这个时候自己的形象了,于是躲在房间里试衣服,宝宝瑞突然跑进来,我见他便问哪种搭配好看。

他笑着说:"妈妈,你又臭美呢。"

我假装一脸严肃:"我在培养你的审美。"

没想到宝宝瑞竟然说:"你不用培养我,我天生就知道什么好看。"

于是我和他探讨起来"到底对美的认识是先天的,还是后天培养起来的"问题。

我脑子里酝酿着"教化"与"自然造就",以及与"修养"之间的关系……

宝宝瑞起初坚持"先天",并提出可以通过科学实验证实。

他说:"把一个刚出生的小孩关到一个房子里,房间四面墙都是白色的,每天给他送饭,让他睡觉,但其他的什么都不给他。到他八岁时让他出来见这个世界,然后问他什么东西美?"

我笑着看着宝宝瑞说:"他八年来什么都没接触,他连'美'的概念都不知道,他怎么能说出什么东西美呢。"

宝宝瑞一下子愣住了,想了一会告诉我:"那应该是一点点积累的……"

我试图解释着:原本具有的天赋和后天的修养(培养)的区别,也就是对美的认识是不断形成的过程,而且不会停止,是不断继续……。

这里我不自觉地运用了马克思的"实践"概念和伽达默尔的"教化"

概念，并用通俗的语言阐释了其"历史性"。

他表示赞同。

后来我又追问了一些问题，他有些模糊……但无论如何我觉得：孩子越大，与他交流互动的感觉越好，随着孩子不断的成长，会给我们带来很多惊奇和新鲜感，而这个世界就是因"惊奇"和"新鲜"而充满了乐趣并不断地进步。

2019.11.09

对话——语言与情景

早上和宝宝瑞一起吃早饭，他突然问我："烫"和"热"的区别。

我不假思索地解释："烫"啊，应该是"热"的更高层次，而且"烫"字下面有个"火"，应该和"火"有关。而"热"呢，应该是一种主观感受，没有一个明确的尺度，你认为热的也许我认为没那么热……。

之后我看宝宝瑞没有回应我。于是我反问他"烫"与"热"的区别。

他很干脆地说："烫"就是做饭时不小心身上崩上油，就喊"烫"，"热"就是夏天在太阳下面就是"热"。

我突然觉得孩子真好，语言

宝宝瑞的绘画作品

和理解都源于生活情境，而我呢，跑哪去了？

2018.02.25

哲学对话主题四：逻辑学

逻辑学是对思维规律的研究。譬如概念与事物的关系；判断的形式；推理的形式等。

对话——规律

宝宝瑞最近又抵触去幼儿园了，我想有必要再给他做一次思想工作了。今天早上在车上，我对他说："每个人都是这样的，小的时候要去幼儿园，大一点要上学，再大了就去上班，这就是生活，看似平淡，但只要心中充满热情，每天都很精彩……。"

他面无表情地看着我。我觉得是不是应该换个说法，于是我又说："就像我们经常做的'规律题'"，他一听见"规律"立即显露出兴奋的表情，他最喜欢做这样的题目了。

我紧接着说："周一到周五上幼儿园，周六周日休息，就像红、黄、红、黄，( )、黄"。

他立刻喊出"红"。

我说："对了，红就代表周一到周五去幼儿园，黄就代表周六周日休息，今天是红，所以必须去幼儿园。听懂了吗？"

他点了点头。我又问："那今天去不去幼儿园啊？"

他说："去！"

我说："为什么？"

他脱口而出："规律。"

2013.08.26

对话——特殊的逻辑：

很少和宝宝瑞交流他学校的事，今天闲着没事，我突然问他："你们班小朋友都喜欢你吗？"

他回答："都喜欢。"

我于是接着问："你是通过什么证明你这个结论的？"

他回答："我是通过我喜欢他们的程度来确定他们喜欢我的程度。"

嗯，我心想这个逻辑思路也不错哈。

2018.12.30

对话——漫画逻辑

旅途归来，甚是疲惫。时差还在，十点半起床，看见沙发上玩卡片的宝宝瑞，觉得应该关心一下他的学习了，于是把他叫到身边。

我："最近有没有看书啊？都看什么书呀？"

宝宝瑞："看漫画书了。"

我："啊？漫画书？那些书一点意义都没有"。

宝宝瑞："不，妈妈，很有意思，有一本书讲逻辑……"

我："哈哈，逻辑？你还能看懂逻辑？那你跟我说说什么是逻辑？"

宝宝瑞："逻辑就是推理，譬如归纳推理，就好像看见一只乌鸦是黑色，后来又不断看见好多乌鸦都是黑色的，那么推理乌鸦就是黑色呢。还有演绎，演绎有大前提，小前提，大前提譬如动物需要氧气才能活着，小前提是：狗是动物之一，那么推理就是狗需要氧气才能活着。"

我深深地吸了一口气，然后默默地走进了书房。

2019.06.08

对话——辩证逻辑

晚上宝宝瑞告诉我:"我的生活里有三种光,第一个是金色之光,那里有我喜欢做的事情,譬如搭建机器人、画画、看课外书、玩游戏、看电视、踢足球、在操场上疯玩、躺在床上听侦探故事;第二个是白色之光,它没有色彩,也没有感觉,像去学校上课,或者去我不讨厌的课外班;第三个是黑色之光,就是我最讨厌的那个补习班,每周想起要去那个班,我都感觉有个黑色的光照着我……"

我想了一下对他说:"没有经历过黑色之光,你也感受不到它与白色之光和金色之光的对比,而没有黑色之光和白色之光,你也不会体会到什么是金色之光。"

2019.10.13

对话——滑坡谬误

早上起来,发现宝宝瑞在房间里躺着听"爱小坡"。

我有些不耐烦了:"天天听爱小坡,都听一百遍了,里面的内容我都倒背如流了,有什么意思啊。"

宝宝瑞:"可有意思了,里面还教野外生存,科学常识……"

我:"将来考试也不考这些,有这时间你应该听听历史故事或者看看文学方面的书,将来都有用。你不听我的,天天听爱小坡的侦探故事,你就没时间学历史等有用的知识,你不学有用的知识,你考试考不好,你将来一定会后悔的。"

宝宝瑞:"妈妈,你犯了滑坡谬误。"

我:"滑坡谬误?"

宝宝瑞:"滑坡谬误就是使用一连串不恰当的因果关系,夸大了因果推论,我听爱小坡可能将来会后悔,但不是必然会后悔。"

然后他就把这本漫画书拿给我看,我心想:以后说话得谨慎了,孩子越大越不好唬弄啦。

2019.11.10

宝宝瑞有一本关于逻辑的漫画书《植物僵尸——科学漫画逻辑卷》,里面讲了什么是逻辑,培养逻辑思维能力的意义,还有关于归纳推理、逻辑谬误、悖论等知识,很有意思。宝宝瑞非常喜欢,他一边笑一边给我讲里面的情节:"一个人说'有人偷吃了我的饼干',而另一个人说:'我可没吃你的巧克力饼干',哈哈,如果没吃怎么会知道是巧克力味的呢,这就是推理……。"

我还问他:"为什么辩论赛需要逻辑思维?"

宝宝瑞:"有了逻辑思维就会更容易识别对方观点的弱点,然后去攻破……"

宝宝瑞的绘画作品

我的反思:其实逻辑一词,源自于古典希腊语,本义为"词语"或"言语",后延伸出"思维"和"推理"的含义。逻辑在哲学中扮演基础性角色,它是人们思维方式、思维方法即思维规律的一个重要体现,也是人们认识事物、理解思想的重要工具。逻辑思维是人们借助概念、判断、推理等反映客观现实的思维方式。只有具备逻辑思维,人们才能对具体对象的本质很好地把握,即透过现象看本质。它的特征是抽象性。这种思考能力是人们对事物进行观察、比较、分析、综合、抽象、概括、判断、推理的能力。《植物僵尸——科学漫画逻辑卷》里还介绍了同一律、矛盾律和排中律。譬如"矛盾律"是要求两个相互矛盾的判断不能都肯定,必须否定其中一个,否则就会自相矛盾,就像《韩非子》中"矛盾"的故事,卖矛和盾的人就是因为同时肯定了两个具有相反关系的判断,而陷入了自相矛盾的境地。

总之,哲学与思维是紧密联系的,思考过程的完美能在哲学中得到最充分的体现。逻辑思维的形成和发展对于儿童是极其重要的,具备逻辑思维不仅对哲学有益、而且对儿童学习其他学科,譬如数学等同样具有积极意义。所以要培养和发展儿童的逻辑思维能力及推理能力。

哲学对话主题五:心灵哲学

心灵哲学即对心灵的研究。譬如关于"情感与情绪"、"情感的本质";关于"骄傲";"嫉妒";"悲伤";"恐惧";"人工智能";"现代科技创造人工智能可能吗?"等问题。

对话——身心关系

宝宝瑞玩了一天回到家,就脱光了坐在沙发上。

我很惊讶地望着他,说:"你在做什么呢?"

宝宝瑞:"我太累了。"

我:"你累跟你脱光了衣服有什么关系?"

宝宝瑞:"我身体放松啦,我心情就舒服了。"

哈哈,孩子的语言总是那么直接,但细细品味起来却也是深刻的。

2019.06.29

对话——人工智能

宝宝瑞很喜欢一档电视栏目《机智过人》。《机智过人》是中央电视台综合频道与中国科学院科学传播局联合主办的大型科学挑战节目，是国内首档聚焦智能科技的科学挑战类节目，节目以"智敬中国"为主题，聚焦农业、制造、医疗、环保等诸多领域中的"智能+"。

我起初不理解，因为一方面我不喜欢这样的节目，另一方面我总是怀疑他是否能看得懂。但昨天晚上我认真地陪他一起看，我才发现里面介绍的人工智能和科技理念对他的影响非常大。

昨天晚上的三个"智能机器人"，第一个是机器通过大数据测定人的职业取向；第二个是机器代替人高温检测故障；第三个是机器帮助下肢瘫痪的人有尊严地"站起来"出行。

我问他："你相信科学有益于人类吗？"

（其实这时我自己还站在"启蒙走向反面"、"技术理性带给人类弊端"的立场上。）

他回答："当然，而且将来我最想做的就是……提取太阳一秒钟的能量就够人类使用数万年。"

他坚定的目光和信念让我重新反思我研究领域中"技术理性"

宝宝瑞的绘画作品

和"理性自身重建"的深刻性。

我又试着问他:"你说人工智能能代替人类吗?"

他竟然说出:"人工智能能自我学习,它有意识,有一天也许会消灭人类……但人工智能没有情感。"

2019.09.14

我的反思:到底什么是人工智能?尤其什么是智能?人类的智能与计算机的智能是一回事吗?它们都是当今哲学研究的迫切问题,哲学与科学的"恩怨情仇"仍然是深刻和值得反思的,也就是说"哲学对科学的反思在不确定的未来尤为重要。"

哲学对话主题六:政治哲学

政治哲学是政治关系的本质及其发展规律。譬如国家的特点;权力本质;动物的权利;规则等。

对话——法律与人权

昨天下午一家三口开车去吃抖音网红肉串,叫号排队两小时,三个人窝在车里无聊地等待,我和爸爸一人一部手机打发时间,无所事事的宝宝瑞望着窗外,突然打开了话题,于是引发了一场三个人的头脑风暴。

宝宝瑞:"妈妈,我最近痴迷法律,你给我买书呗。"

我笑伴着轻蔑:"你天天抱着电脑看柯南,那不是痴迷于法律,那是痴迷于电脑。"

宝宝瑞:"不,妈妈,我之前就在书店看过一本书,里面介绍了各种犯罪法条……什么情况属于什么罪……判几年……最近看柯南里面也有各种法律知识,我觉得法律特别酷。"

我（觉得有点意思，于是放下手机）："你懂法律吗？为什么要设置法律？法律是什么？为什么分民法和刑法？"

宝宝瑞："法律就是……规则，人们犯罪就要接受惩罚，但我不知道什么是刑法、民法。"

坐在一旁的爸爸帮忙解释着刑法和民法的区别："严重危害社会安全的就归刑法……其他的一般的民事调解的就归民法。"

我听着两个人就这个问题聊了一会，我的职业病就犯了……

我问宝宝瑞："法律和人情的关系怎么处理？"我向他讲了于欢刺死辱母者案。

宝宝瑞回答很令我意外，他说："法律就是法律，规则就是规则，必须遵守，不能改变……"

爸爸看着宝宝瑞说："法律也应该考虑人情……"

宝宝瑞："不，那就乱了。"

我坐在旁边也默默地思考着客观规则与人价值诉求的关系。

我又接着问宝宝瑞："能够通过违不违法来区分善、恶、好、坏吗？"

这次宝宝瑞若有所思，但没有回答……

为了调节此时的气氛，我又问"你去年不是痴迷科技发明创造吗，今年怎么又痴迷法律了呢？你到底喜欢什么呀？"

宝宝瑞："这两个我都喜欢，我也喜欢历史，但我不喜欢地理什么的……我最讨厌你的那个专业哲学……什么存在……一点意思都没有。"

我哈哈地笑:"你都没看我研究的那些书,你凭什么说呢?"

宝宝瑞:"我有打开你的书看过,根本不知道写的什么,看不懂……没有意义。"

此时宝宝瑞爸爸补了一枪:"你们哲学就是把简单的事情复杂化!"

"哈哈哈哈",我对宝宝瑞说:"你每天问我为什么,就是'提出问题',你痴迷一样东西就是'追问',你经常反驳我就是'批判',你每天都在践行着哲学的本质,你还说你不喜欢哲学,哈哈。"

气氛终于陷入尴尬,好在,肉串好了。

宝宝瑞的绘画作品

2020.05.18

第二节　阅读中的智慧

我和宝宝瑞一起阅读历史故事、绘本故事和古诗词。我们在阅读中感受智慧,体会着绘本中的意蕴、故事中的沉思和诗词中的哲美。在我看来,很多图书都是具有哲学性的文学作品,只要我们认真阅读、细细品味,就会发现其中理念的奥秘。譬如我们在《重要书》中追问形而上学的本质问题；在《森林大熊》中触碰梦境与真实的问题；在《田鼠阿佛》中探讨社会政治哲学的"工作"概念和类别。我也同样强调对阅读内容的对话思考，对文本理解的开放性，以及与文本对话的现实性。

一、绘本中的意蕴

1.《重要书》——形而上学中的本质问题

早上起来我在客厅沙发上看书，宝宝瑞过来抱抱我，看着我的书，随口又说了一句："你又看哲学啊，真没意思。我就喜欢科学。"

他已经不止一次和我说这样的话了。我以前也解释过哲学的魅力，但他并没有听进去，到后来总是不欢而散。

看来今天我得反向操作了。

我问："你为什么喜欢科学，而不喜欢哲学呢？"

宝宝瑞回答："哲学都是模棱两可的，科学最忌讳模棱两可，我不喜欢模棱两可的东西，我喜欢有确定答案的。"

我笑着说："科学就一定是确定的吗？最早的'地心说'还是确定了呢，后来还不是被'日心说'推翻了吗"？

宝宝瑞："'日心说'是被科学证实的，'地心说'不是被科学证实的，再说太阳可比地球大多了。"

我往窗外看了看说："你说太阳大就大呀，我现在看到的太阳就我手巴掌那么一小点。"

宝宝瑞："这是近大远小的道理。"

我说："近大远小，这是你从书里得到的知识，你怎么就知道近大远小呢？"

宝宝瑞："妈妈，你看这个水果我近了看和远看不一样大，这是能证实的。"

我:"不,这不能被证实,那是你的感觉,人的感觉能被证实吗?你认为感受到的东西就是真实的吗?什么是真实啊?"

我接着又说:"我们先不说'真实'这个事啊,回到科学有没有确定答案的事。"

我给他讲了丁肇中发现新夸克的故事:20世纪70年代所有的人都认为只有三种夸克,因为三种夸克可以解释所有的现象,但丁肇中认为有新的夸克,还决定建造一个高灵敏度的探测器,但这个实验被费米国家实验室和西欧核子中心拒绝了,他们认为是不可能的。后来1972年冬到1974年间,丁肇中在布鲁克海文国家实验室用一个比较低能的加速器来做这个实验,终于发现了一种新的夸克。这就表明以前说只有三种夸克的观念是错误的,还有第四种夸克。有了第四种,就可能有第五种、第六种。

我说:"你看,所以科学也不是确定的啊。"
宝宝瑞沉默了一会说:"至少科学在当时是确定的,有答案的,不像哲学在任何时候都没有明确答案。譬如'我是谁?'就是最深奥的哲学,把"我"的代名词拿掉,我到底是谁?没有人能解释。"
我愣住了:"你从哪知道的?"
宝宝瑞:"《武林外传》的吕秀才。"

哈哈。我心想:"我是谁?"无所谓,既然你开启了这个话题,那就来吧,让新一轮的虐心开始吧。

我把以前买过的一个绘本《重要书》拿了出来,从第一页翻起来。

我问:"你看到了什么,想到了什么?'对玻璃杯来说,最重要的是透过它,能看见对面。'这句话什么意思?"

宝宝瑞:"玻璃杯透明,所以能看到对面。"

我:"那第二页,这个勺子什么意思?"

宝宝瑞:"勺子是用来吃饭的。"

我继续:"那勺子为什么是凹进去的?"

宝宝瑞:"能盛进去东西,方便吃饭啊。"

我说:"那好,接着这一页,你不许看,我说,你猜我说的是什么。'湿漉漉的,从天上落下来,发出滴答滴答的响声,把……'"

我还没有说完,他就抢着说:"雨。"

我说:"为什么呀?"

宝宝瑞:"雨就是湿漉漉的,从天上落下来,发出滴答滴答的响声。"

我:"我们通过特征的描述,最具代表性的描述,尤其是最重要的特征描述就知道它是什么。譬如我再描述一个东西,你猜啊,一个东西有图像、有声音,你每天都看,看的时候哈哈哈,你还可以选择,看这个或是看那个……"

宝宝瑞脱口而出:"手机。"

我心想,我想说的是电视啊,不过手机也好像有这些特征哈。怎么办呢。

我眼睛一转:"你认为是手机,我还认为是电视呢,那你说手机对于电视来说有什么最明显的、最突出的区别特征呢?"

宝宝瑞:"手机有微信,可以聊天,有百度,可以搜索知识。"

我:"那要是你这么说,我还认为你说的是电脑呢,电脑也可以微信、也可以搜索。你想想手机最原始的功能是什么?"

宝宝瑞："啊，我知道了，打电话。"

我："对了，这就是手机最重要的特征，也是区别电脑、电视的特征。所以这本书叫《重要书》，就是说每一个事物都有它本身最重要的、也是区别于其他事物的独特特性。"

我："那我接着问你哈，这一页的内容，圆圆的、红红的果实是苹果最重要的特征吗？"

宝宝瑞想了一下："嗯，不是。很多水果都有这个特征。"

我："那苹果最重要的特征是什么呢？"

宝宝瑞眼睛扫了一下书说："苹果的味道。"

我："嗯，不是颜色也不是形状，那为什么是味道呢？那苹果的味道由什么来决定的呢？"

宝宝瑞："我一吃它就知道，我以前吃过，别的水果是别的味。"

我："我说的不是这个意思，我要问的是，苹果的味道由什么决定的？你想想，怎么长成的苹果？"

宝宝瑞叨咕着："从树上长的啊，从小到大……啊，我知道了，种子。"

我欣慰地笑了："对，种瓜得瓜，种豆得豆，苹果之所以是苹果，是因为种子。这就是事物最本质的东西。就像你是我和爸爸的孩子。"

宝宝瑞："是DNA，但基因可以复制啊，克隆人。"

我心想他又扯到科学了。我得再调整过来。

我说："好，假如，你有一个基因复制品，他在生物学上和你一模一样，但他是你吗？"

宝宝瑞："当然不是，他是我的复制品。"

我："我知道，我想问，你和他看起来一模一样，那你认为你区别他的地方是什么呢？"

宝宝瑞想了想说:"性格?"

我:"拉倒吧,你的性格一直在变,你小时候很乖,现在调皮得很。人的性格是不断变化的,小时候的你和现在的你不一样,现在的你和未来的你也不会一样。人是随着环境在变的,当然这也是人和物的区别,譬如桌子没制造出来时,我们就知道桌子的作用是什么。"

宝宝瑞:"放东西。"

我:"对,这就是桌子的本质,但人就不同了,我都不敢想象你将来是什么样的,人的本质是没有办法确定的。"

最后我把书翻到最后一页最后一句话:"对你来说最重要的是永远不要忘记。"(后来我才发现这句话没有说完,在下一页接着"你就是你",所以我的引导有些偏,但这个"偏"却将我们带到了另一个思考的空间。)

我问:"你明白这句话的意思吗?"

宝宝瑞沉默了一会儿:"啊,我知道了。是'记忆',我的记忆是只属于我的,别人不知道,我以前想过什么,也只有我自己知道。……"

我没有明确答复对或错,我又想到了卡夫卡的《变形记》。我把故事讲给他听:格里高尔是家里的长子,他勤奋努力,家人都很爱他。但有一天他醒来却发现自己变成了甲虫,家人开始不认识他了……。

我突然转过头去问宝宝瑞:"如果有一天你变成了一个小动物,譬如……",我一眼看到家里新买的小乌龟。"譬如你变成了小乌龟,还不能说话,你怎么向我证明你是我的宝宝瑞呢?"

宝宝瑞一下子笑了,腻乎乎地抱着我:"我就这样爬到你身上,抱着你亲你,你就能感觉到了。"

我眼睛一下子红了,"我是谁啊?"

解读：《重要书》涉及到了形而上学中存在的本质问题。《重要书》的内容在结构上非常简单，每一个跨页讲述了一种物质，作者在绘本中分别对勺子、雏菊、雨、青草、雪、苹果、风、天空、鞋子和"你"进行了简短描述，而且被描述的物体都有一个最重要的特征。这里就是形而上学中"本质"问题的呈现。因为形而上学问题的讨论包含物质及其属性的区别，任何物质无论其包含多少属性，一定都有一个本质的属性，使之区别于他物。所以这本书通过对诸多物质的本质讨论，让儿童了解事物的本质问题。在与宝宝瑞的对话中我还谈及到萨特的"存在先于本质"命题：人与物不同，物是本质先于存在，譬如一把剪刀，没制造出来之前就知道它的用途。而人不同，人不断生成变化。人与自己相遇，在选择的路上才不断地给自己下定义。

2.《森林大熊》——梦境与现实

《森林大熊》：一只熊从冬眠中醒来后，发现自己洞上面的森林变成了工厂，它开始怀疑自己是在做梦，但发现并不是梦。而且工厂管理员也不承认它是一头熊，而把它当作穿着毛皮大衣的人。后来连大熊自己也怀疑自己是否是一头熊了。

  我问："故事讲了什么啊？"
  宝宝瑞："熊忘记了自己是熊。"
  我："为什么啊？"
  宝宝瑞："熊长时间和人生活在一起了。"
  我："什么意思？"
  宝宝瑞："熊醒来后一直和人类在一起，而且人类也把熊当成自己的同类，当成人来看待，没有人怀疑它不是人，时间长了，熊也忘了自己曾经是熊。"
  我："哪个是真实的呢？熊进了工厂，管理员说他不是熊，它就不是熊了？哪个是真的，哪个是假的？"

宝宝瑞："当然它是熊是真的了。"

我："真假怎么区分呢？假如你不是我的孩子，但我告诉你，你就是我的孩子。可你长大后验DNA发现你不是我的孩子，你怎么办？"（我开玩笑）

宝宝瑞特别委屈："我宁愿相信我是你的孩子，你别说了，我都快要哭了，无所谓真假。"

我又接着问："你怀疑过你自己不是宝宝瑞吗？"

宝宝瑞："当然没有怀疑过，我就是宝宝瑞。"

我："你觉得这是真实的，那你认为什么是真实？"

宝宝瑞："如果从出生开始就没怀疑过，就是真实。"

我："你认为什么样的情况是不真实的呢？譬如梦是真实的吗？"

宝宝瑞："梦不是真实的。不，有一部分是真实的。"

我："为什么呢？"

宝宝瑞回答："有可能是白天想到的，梦虽然是奇幻的，但有一部分是现实的变形。我在书里看过。"

我："梦也是通过你的思维表现出来的，难道你的思维不是真实存在的吗？"

宝宝瑞："嗯……那我说不清楚。"

我："好，那你告诉我，梦是神赋予的吗？"

宝宝瑞："我不相信有神，梦是不真实的，但思维是真的，白天发生的事情反映到思维，变成的一小部分就转化成梦了。"（哈哈，我的宝宝瑞是无神论者。）

我："在梦里被加工了？那是谁加工的呢？你又不相信神。"

宝宝瑞："我记得书上看过，是思维细胞的活动。"

我:"那思维细胞的活动又受什么控制呢?"

宝宝瑞:"大脑神经元。"

我:"那神经元又受谁控制呢?而且梦里发生的故事有时候还有逻辑,是怎么回事呢?我记得你说你在梦里还破案。"

……我们都在思索。

我的解读:《森林大熊》是关于"大熊到底是不是人"以及"大熊是不是在做梦"的问题。这里的哲学议题:梦与现实。在《哲学与幼童》中,马修斯也曾以六岁男孩蒂姆的例子为例探讨过这个问题。蒂姆一边舔锅子一边问:"爸爸,我们怎么能知道一切不是一场梦呢?"他爸爸不知该如何回答他。蒂姆认为此时正忙着舔锅子的样子,梦里也应该是这样的状态。但差别在哪里呢?他自己解释给自己:如果是做梦,人要在醒来以后,才知道这不过是一场梦。差别在哪里呢?是锅子舔起来的味道不一样?[①]这里面的核心问题就是"我怎么能确实知道这一切不是梦?"或者说"我们怎么能确切地知道我们现在是清醒的?"梦境中一半醒着,一半似乎睡着了,难道所谓的真实生活里就没有清醒和不清醒的时候吗?人生不能是一场终身的长梦,有时醒着,有时梦着吗?我想起"庄周梦蝶"。"昔者庄周梦为蝴蝶,栩栩然蝴蝶也。自喻适志与!不知周也。俄然觉,则蘧蘧然周也。不知周之梦为蝴蝶与?蝴蝶之梦为周与?周与蝴蝶则必有分矣。此之谓物化。"这个故事是说:有一天,庄周梦见自己变成了一只翩翩起舞的蝴蝶。他非常快乐和悠然自得,不知道自己是庄周。一会儿梦醒了,发现自己还是庄子。所以不知是庄周做梦变成了蝴蝶呢,还是蝴蝶做梦变成了庄周呢?庄周梦蝶,典出《庄子·齐物论》,它是庄子所提出的一个哲学命题,即"作为认识主体的人究竟能不能确切地区分真实和虚幻"。在其

[①] 参见马修斯:《童年哲学》,生活·读书·新知三联书店2015年版,第2—3页。

中，庄子运用浪漫的想象力和美妙的文笔，通过对梦中变化为蝴蝶和梦醒后蝴蝶复化为己的事件的描述与探讨，认为人不可能确切地区分真实与虚幻。在一般人看来，一个人在醒时的所见所感是真实的，梦境是幻觉和不真实的。而在庄子看来，醒是一种境界，梦更是另一种境界，二者是不相同的；庄周是庄周，蝴蝶是蝴蝶，二者也是不相同的。他们都只是一种现象，是道运动中的一种形态，一个阶段而已。"庄周梦蝶"的故事虽然短小，但浸透了庄子诗化哲学的精义。

其实我自己也曾经记录和解读过很多梦，我认为人生如梦、梦如人生。

喜欢做梦，喜欢醒来时回顾梦里自己，也常常思考梦里呈现的信息背后的寓意。

那些完整的或不完整的，具象或是影像，那些凝聚的情绪背后到底蕴涵着什么呢？隐含着什么呢？那些"变形"了的自己是这个世界里另一个自己，还是本不在这个世界里的自己？是一种超自然的力量给予我的一种预示？还是生活的多余信息无法正常地整理，只能通过梦境得以安放？这些多余的心理元素为什么以这样的线索排序？是什么样的外界刺激和肉体的反应才引起了心灵的注意，最终凝合成一个梦的整体？

经过多年的梦里梦外，我大致把梦的形式划分为三种类型，并以此为解读。

第一种：梦是具象的，没有明确的故事情节，醒来时偶尔闪现自然现象。譬如"水"、"雷电"；或是动物、植物、建筑物，等等。我会常常梦见"狗"和"老虎"。这种情形我认为是有象征意义的，而且我"相信"预卜和暗示，所以这种时候我和"周公"的关系极为亲密，哈哈。

第二种：做梦者能回想一些情节但内容并不完整的梦。有些记忆碎片悬在那里，硬要想去，碎片就会更破碎，最后只剩下一道痕，留在心灵深处，或刺痛或迷恋，久久不能消散的是划痕处的感觉，或影或幻，并继续围绕着划痕处体味，那感觉是真实地如同梦里。痛了、乐了、喜了、悲了，再去寻那梦里的影子，却越来越淡了，越来越模糊了。有时到了中午，感觉也没了。我对第二种情形的解读：这种梦是有意蕴的，这里有具象，但都是模糊的，清晰的只是某个形象，或微笑的脸，或沉默的背影，但更多的是这些形象留下的某种情绪，一直萦绕着我。

我更赞同运用弗洛伊德某些哲学思路来解析这种梦。梦都是以自我为中心，或以"自居"的力量隐藏在他人或事物的背后。梦是潜意识的自我表现，那些被压在心灵深处的事物毫无顾忌地放松警备，以最活跃的方式在梦里展现。那本能的冲动以伪装的形式骗过松懈的心理检查机制，可以违背道德，违背伦理……。经验是形成梦的来源，那些刺激过心灵的事物成了梦的出发点和核心，而那些譬如梦中考试、赤裸的尴尬、逃避的窘迫、亲人的死等等所内隐的多数是幼年时期压抑性的经验。总之，弗洛伊德把梦理解为人类早年实践活动的浓缩品和沉淀物。当然我并不同意弗洛伊德对梦的解释完全依据"性"和"攻击"的本能冲动。

第三种：做梦者做有完整的故事情节和清晰的逻辑线索梦。这种情形我认为它是一种精神活动的延续，某些思维的搭建。譬如我做过很多完整的梦，完整的像个小说，像部电影。这些内容我多数都会记录下来，我相信它是我现实生活的另一个版本，并以此来丰富我的经验，哈哈。

但是无论是哪种情形——周公解梦还是弗洛伊德梦的解析都非绝对的阐释，都不乏有辩证的色彩，和多种可能性的未定的阐释空间。

譬如周公解梦就很像解读《易经》，中间微小的变量都会翻转。譬如弗洛伊德将梦与愿望连接起来。如果说快乐、幸福的梦是愿望的实现，而痛苦的悲惨的梦，他同样认为是愿望满足的变相伪装，"一个愿望的未能满足，其实象征着另一愿望的满足。"这都是辩证法的味道。

无论是哪种情形的梦都是在幻觉的经验中真实地表现自己的感受，或压抑或快乐。所以我真的愿意回到梦里。梦里痛是深切的痛，乐是欢心的乐，即便茫然若失也是真的失落……是触动心灵的、感性的。

我说"这是真的"是对比什么说的呢？我在现实中不痛不快？不，只是似乎现实中发生的事情与梦里比较更容易被覆盖，被纷纷扰扰覆盖，不通透、不直接，而在梦里，心与人、与事的距离最短。

——无聊的我

但到底真实与虚幻的界限在哪里？哲学家们最喜欢探讨虚拟与真实的问题。比如柏拉图的"洞穴之喻"：人面朝洞壁无法转身，以为照在洞壁的影子就是现实的事物。类似的，还有笛卡尔在其《第一哲学沉思录》中提出的"笛卡尔的恶魔"的思想实验：如果有一个强大的恶魔围绕我的感官制造了幻觉，让我以为自己看到的外部世界是真实的，其实我感知到的世界是歪曲颠倒的，那么这时候我应该怎么判断"现实"中我感受到的一切是不是真实的呢？"虚拟与真实"这个问题带有比较强的思辨色彩，能带给孩子较大的思考空间。

我曾经写过一个小文：《在法兰克福大学哲学系图书馆：我找不到我》：

法兰克福大学哲学系图书馆不是所有的书都可以外借，有些书必须在馆内阅读。为了防止图书丢失，部分书被封闭在一个相对独立的六层小楼里（每层大约只有一二百平），每层楼的格局几乎完全相同。因为我的随意性，不固定的学习位置，又因为洗手间不是每层都有，我常常上过洗手间回来就找不到我刚刚学习的位置了。我在每个相似的空间里来回寻找，总有种多维空间穿梭而又迷失的感觉：我记得是这里啊，可我的东西呢？难道我在刚才的时间内不在这个空间里？可这个空间是我记忆里刚刚过去的唯一的发生的空间。我仿佛看得见我刚才在这里读书的背影，那件红色的皮夹克披着，电脑上的被咬了一口的苹果亮着，手机就放在鼠标的旁边，还有那本打开的"记事本"和上面只有我认得的字……

那我在哪里呢？我在"同一"的空间里不能重合，那是刚在的"我"不是我，还是现在的"我"不是我呢？……

——无聊的我

虚幻与真实很难确定，无非是自我界定而已，你认为是真实的就是真实的，你认为是虚幻的就是虚幻的。罗素也曾对此谈及："说整个生命是一场梦，这个假定在逻辑上并不是没有可能性，但在我们的梦中出现的所有事物，虽然不是没有逻辑的可能性，却没有理由假定说那是真的。实际上，我们拿生活里的事实作假设，较之以常识作假设更为简单，常识是独立于我们的客体，作用于我们使我们产生感觉。"[①]笛卡尔在他著名的《第一哲学沉思录》中描绘了他是如何对自我的存在产生质疑的。他试图说服自己就"在这儿，坐在炉火旁，穿着室内长袍，手里拿着这张纸。"可是他又突然想起他也经常会梦见自己"在这儿，坐在炉火旁"，而实际上他躺在被窝里。他发现自己根本无法找到有说服力的证据来推断自己究竟是醒着还是睡着。最后，他通过"我思故我在"的思考推导出这样的结论："假设一切都是梦，那人们不会询问它是不是梦，因为人们询问它是不是

---

① Betrand Russell, The Problem of Philosophy, pp.22–23. 中译文参见罗素：《哲学问题》，何兆武译，商务印书馆 2007 年版。

梦,说明并非一切都是梦。"① (这有点像蒂姆"醒来后才知道梦")这个论证被认为是有根据的,即若人在梦里就问自己是否在做梦吗?但我认为这也不尽然,我就曾在梦里做过梦,梦里我知道自己在做梦,我还不断地告诉自己我是在做梦……醒来时我感觉到了双重梦境的重现……。

3.《田鼠阿佛》——政治哲学

《田鼠阿佛》讲述的是:田鼠一家住在谷仓不远,冬天快要来了,小田鼠们都在为过冬储存粮食,譬如他们采集玉米、坚果、小麦、禾秆。但只有田鼠阿佛不干活,只是坐在那里或是躺着"享受生活"。当被问起为什么不干活时,阿佛说它在为冬天采集阳光,为了冬天采集颜色,为了冬天采集词语。寒冬到来时,当所有的东西都消耗完之后,其他小田鼠都很失落,因为冬天的寒冷、灰暗和冷漠非常煎熬。而这时阿佛却将他在秋天收集到的所有东西拿出来与他们分享,他让家人体验到了"金色的光芒",也仿佛看到了各种花草。最后他还读了一首诗,解释了四季,让田鼠一家感受到了四季的不同变化。最后,他的家人意识到阿佛是一个诗人,他为他们在这个漫长而枯燥的冬天里提供了一种独特的东西。

> 我:"宝宝瑞,《田鼠阿佛》这个绘本好看吗?"
> 宝宝瑞:"我看了故事,但书里想表达的意思我好像没看懂。"
> 我:"具体讲了什么?"
> 宝宝瑞:"……"
> 我:"你认为阿佛怎么样?你觉得他懒吗?别的小田鼠都在搜集粮食准备过冬,只有阿佛闲在一边不干活,好像很闲的样子,他是不是在偷懒呢?"

---

① 转引自参见马修斯:《哲学与幼童》,生活·读书·新知三联书店2015年版,第35—37页。

宝宝瑞："我刚开始觉得他懒，什么也不做。"

我："但他后来做了什么，你觉得他拯救了他们吗？"

宝宝瑞："阿佛将他在秋天收集到的所有东西拿出来与家人分享，他让家人体验到了夏天的温暖与彩虹般的绚烂；他又读了一首诗……"

我："靠什么拯救的？阿佛说他在干活，譬如他在采集颜色，你认为他是在干活吗？为什么？"

宝宝瑞："我不太懂。"

我接着说："好，那我举个例子。疫情期间医生、护士看病救人，工人、农民生产东西……但有些人看起来什么也没做，但他们做了一些事情让人们觉得有力量有希望，给人很多鼓励。"

宝宝瑞："哦，我知道了，是精神支持。"

我继续说："对了，你喜欢精神支持吗？或者说，你喜欢阿佛的诗吗？那你觉得人类需要诗吗？诗很重要吗？"

宝宝瑞："我不太喜欢诗，我认为诗没有其他东西更有实际意义，有实际意义的才是有用的。"

我："可是，我特别喜欢诗歌，我喜欢优美的诗歌，我觉得心灵陶醉其中被感染。"

宝宝瑞："但它不当饭吃，一个月每天给你念个诗，但不给你吃饭，你能活啊。"

我："那就是说你不喜欢精神性的工作？"

宝宝瑞："嗯。我不太喜欢精神鼓励，精神支持，它没有物质支持直接。有的话，更好，但不当饭吃，没有的话，人也不会饿死。"

我的解读：我个人非常喜欢《田鼠阿佛》的故事。《田鼠阿佛》用一种有趣而又吸引人的方式提出了一些和社会政治哲学相关的问题，譬如社会政治哲学中工作的本质问题，包括"工作"的概念和类别。虽然阿佛看起来没有干活，但是他也用自己的方式在为大家提供生存的力量，一种精神支持。这个故事可以让孩子初步了解"工作"的本质、"工作"的概念和类别，以及精神工作的价值。对于社会政治哲学中工作的本质问题，譬如说脑力劳动者和体力劳动者的工作是平等的吗？人文工作者的意义是什么？这里也可以引申到马克思的历史唯物主义：经济基础决定上层建筑，但上层建筑同样具有反作用，以及什么是反作用问题。

通过和宝宝瑞的对话，我感受到：在我们小的时候从来没想过这样的事情。而现在的孩子看的书、思考的东西都比我们小时候多且深入。我发现宝宝瑞更注重生存层面的物质基础，而我却非常喜欢诗情画意的精神领域。这本《田鼠阿佛》我超级喜欢，喜欢阿佛收集色彩、阳光、词语的享受和惬意。我喜欢这些是为什么呢？我原来是学经济的，很实用的学科，可股票、期货我从来都没有实践过，而一看到文学、艺术、哲学就有归属感，这都是为什么呢？我喜欢摄影，喜欢大自然，而宝宝瑞似乎对这些不感兴趣，他喜欢能带给他刺激的，喜欢确定的、实在的东西……这些又都是由什么决定的呢？

二、诗词中的哲美

我和宝宝瑞一起阅读中国古诗词，在诗词中领会中华优秀传统且博大精深的文化，体会文学、历史和哲学的贯通。我非常喜欢中国古诗词，虽然读得不多，但每每读起，都会为与我们相隔千年的人们丰富细腻的情感所感动，都会为诗词中极高的审美境界和哲学思想所惊叹。我爱中国的诗词，中国诗词的美妙真的是无与伦比。古诗语言通过象征、隐喻和韵律等表现手法贴切地阐释情境，展示人类情感的脆弱和质朴。通过诗语言伴着内心丰富的情感，穿越时空与作者共在，同爱、同恨、同情，那一刻我深刻地体悟着知识和情感的力量。

在我看来中国古诗词的艺术哲美体现在方方面面。中国古诗词既有素简之美，即语言素朴而涵义深远，亦有雕琢之美，很多名篇佳作语言可谓金玉满眼。我认为最能体现中国古诗词艺术美的是诗词中的诗画之美，即诗中有画，画中有诗，诗画融通。当然古诗中也有写实之美和写意之美。写实之美，即现实主义，注重叙述描写社会现实、历史事件，譬如杜甫就是写实主义的代表人物；写意之美，即浪漫主义，注重运用夸张、想象以表现个人情怀与志向，譬如李白就是写意主义的代表。而我认为中国古诗词艺术之美的深层次是意境之美和神韵之美的彰显。中国古诗词讲究意境和神韵。意境是指艺术作品中所呈现的主体情感与客体景物之间切合交融，物我消解，相互依存，不可分割的艺术境界。"意境"能引起人的美感，它离不开作者所用的意象。这些意象召唤起了作者的情思与理念，即情景交融。而神韵，即风格韵味，是对意境风格的界定。"意境"是具体的，单个的；"神韵"是理论的概括，形而上的。中国古典诗词追求"象外之象"、"景外之景"、"韵外之致"、"味外之旨"，概括起来就是要有神韵。而中国古诗词最高境界是诗词之中蕴含哲思，从不同层次揭示人生哲理，启迪人们的智慧。总之，诗词是"意象合一"的艺术升华，是想象空间的艺术化境界、富有哲思内涵的整体。

而且在我看来中国古诗词也将文学、历史、哲学融通其中，她熔铸了中华优秀传统文化的智慧，是中华文化无比珍贵的精神财富。所以我是想通过与宝宝瑞一起阅读中国古诗词，使诗词意象之美和哲理的思辨之美沁入宝宝瑞的心灵，渗透历史、文学和哲学的思想，从感性上升到理性的认识，尝试着使宝宝瑞在精妙的诗情画意中自觉思考宇宙、问辨人生、怡情益智。"以愉而至致，以悦而至美，以乐而至懿，以韵而至德。"

我和宝宝瑞阅读了近百首中国古诗词，下面选取几首作为范例阐释诗词中的哲思。

艺术的辩证法

鹿柴

[唐] 王维

空山不见人，但闻人语响。

返景入深林，复照青苔上。

　　王维既是诗人，又是画家和音乐家。这首《鹿柴》所表现出来的对声音、色彩的敏锐，以及将有声的静寂，有光的幽暗意境构筑在一起的语言魅力，正体现了他诗、画、乐三合一的气质。这首诗是王维后期的山水诗代表，描绘的是鹿柴附近的空山深林傍晚时分的幽静景色。第一句"空山不见人"的"空"表现出山的空寂清泠，杳无人迹。第二句"但闻人语响"又表露出寂静的空山尽管"不见人"，却非一片死寂。然而只是听其声却不曾见人。所以这个"响"字更反衬山长久的空寂，即"空谷传音，愈见其空；人语过后，愈添空寂。"后两句由声到色描写深林返照。看似一抹斜晖，给幽暗的深林一丝光亮，一阵暖意，但细品其意，如果一直的幽暗反倒使人不觉得幽暗，而当一抹余晖射入幽暗的深林时，斑斑驳驳的树影照映在树下的青苔上，那一小片光影和大片的无边的幽暗所构成的强烈对比，反而使深林的幽暗更加突出。就如同我之前写过的"以为眼睛看到了光亮，其实是身体一直在黑暗之中。以为眼前一片漆黑，其实是身处在强光之中太久了。"这就是艺术的辩证法。

　　这种辩证法的特色在王维的另一首诗中也有所体现。

鸟鸣涧

［唐］王维

人闲桂花落，夜静春山空。

月出惊山鸟，时鸣春涧中。

这首诗也是通过"花落"、"月出"、"鸟鸣"这些动的景物反衬春涧的幽静，创造出了静谧的意境。用动的景物反而能衬托静的效果，即"鸟鸣山更幽"。这是因为事物矛盾着的双方总是互相依存的。动之所以能够发生，正是以静为前提的。就像宝宝瑞说他的世界里有三种"光"——"金色之光"、"白色之光"和"黑色之光"。他说他讨厌黑色，我告诉他，没有黑色也体会不出来"金色"，反之亦然。

生命的本真

饮酒·其五

［魏晋］陶渊明

结庐在人境，而无车马喧。

问君何能尔，心远地自偏。

采菊东篱下，悠然见南山。

山气日夕佳，飞鸟相与还。

此中有真意，欲辨已忘言。

这首诗是陶渊明诗歌意象的巅峰，体现了中国哲学中老子的返璞归真思想，即摆脱了社会文化束缚，回归本真自然而和谐的生命。它类似于西方存在主义哲学所标榜的"生命的本真状态"，如海德格尔"诗意地栖居"。

"结庐在人境，而无车马喧。问君何能尔，心远地自偏。"诗人从世俗回归自然；而后诗人"采菊东篱下，悠然见南山。山气日夕佳，飞鸟相与还"超脱世俗，真切地体味着生命的本真状态；最后诗人进入了一种虚幻之境"此中有真意，欲辨已忘言"，体会到了回归生命本真的感受。这种体念与感受"只可意会，不可言传"。诗人整个身心沉浸于自然之中，体味着大自然本身无穷的韵味，体会着人与自然原初的和谐一体，达到了物我同一的"忘我"状态。在自然中体会身入化境、浓醇忘我的趣味，领会栖息自然中的生命人生的真谛。这也是中国哲学中自然美欣赏的"畅神"阶段。这里涉及到"澄怀观道"的哲学概念：即澄清心中的一切已见，在心无旁鹜的状态下，观照宇宙里最幽深最玄远却又弥沦万物的生命本体，通过欣赏自然山水，人可以领会栖息自然中的生命人生的真谛。

这首诗与酒无关，但却将其归入饮酒二十首，我猜想中国哲学的"回归生命本真"也许与尼采的"酒神精神"相似。"酒神精神"就是指忘却自我，解除个性化束缚，归复自然，接近真实本质，获得原初力量，享受天人合一的狂欢状态。

再譬如：

题破山寺后禅院
[唐] 常建
清晨入古寺，初日照高林。
曲径通幽处，禅房花木深。
山光悦鸟性，潭影空人心。
万籁此都寂，但余钟磬音。

这首诗题咏的是佛寺禅院，抒发诗人寄情山水的隐逸胸怀。诗人清晨登山入古寺，旭日东升，光照山林。之后穿过寺中竹丛小路，走到幽深后院，发现禅房就在花丛深处，这样的幽美使诗人惊叹陶醉。山间风光使鸟儿怡然自乐，清水潭旁只见天地和自己的身影，诗人心中的尘世杂念顿时洗涤，仿佛领悟了禅学的奥秘，进入了纯净的境界。这是一种非同寻常的体验，诗人精神境界的升华。

天人合一的意境之美

中国哲学追求天人合一。将"美"理解为自然和谐。相对于西方哲学而言，中国哲学的和谐强调的是意境的和谐。而且中国哲学偏于"实践理性"，追求道德，强调精神领域的自由，即精神通过内省的智慧（"顿悟"）直接进入伦理的和谐，实现同外间世界的统一。所以在中国哲学的熏陶下，诗人的诗作多强调"以意为主"（意境），即所谓"取会风骚之意"。

所以大多诗作都将人的情感与自然融为一体，诗情画意。譬如：

送友人

[唐] 李白

青山横北郭，白水绕东城。
此地一为别，孤蓬万里征。
浮云游子意，落日故人情。
挥手自兹去，萧萧班马鸣。

这是一首充满诗情画意的送别诗，诗人与友人策马辞行，情意绵绵，动人肺腑。景与情融为一体，天空白云，随风飘浮，象征友人行踪不定。远处红日徐徐而下，隐喻依依惜别之情。最后送君千里，终须一别，只挥手，内心的感觉无法言说，化用诗经典故"萧萧马鸣"，表明两匹马仿佛懂得主人的心情，不愿分离，临别时禁不住萧萧长鸣。自然美与人情美交织在一起，有声有色，气韵生动。

或是杜甫的绝句：

绝句四首·其三
[唐] 杜甫
两个黄鹂鸣翠柳，一行白鹭上青天。
窗含西岭千秋雪，门泊东吴万里船。

全诗无人，却人在画中，笔法高超。尤其"万里船"含义深刻，既写出空间辽远，意境开阔，又寓意战乱平息，久违的东吴船又可见到了。四画相连，意境统一。

再或是：

宿建德江
[唐] 孟浩然
移舟泊烟渚，日暮客愁新。
野旷天低树，江清月近人。

诗人将船儿停靠在雾气弥漫的小洲。景色在日暮时分更增添了几分新愁，之后宇宙广袤宁静，明月伴人，原野平旷，远处树比天高，江水清澈，月亮的影子就近在船头。这一切的景象与"愁"相互映衬，一隐一现，虚实相间，构成一个特殊的意境。全诗淡而有味，含而不露；自然流出，风韵天成。

我个人非常喜欢这首诗，是因为诗中构建的情境蕴含着艺术之美，情与景、思与境和谐统一，自然流淌出一幅舟泊暮宿、心随明月去的意境，淡中有味。

还有：

渔歌子

[唐]　张志和

西塞山前白鹭飞，桃花流水鳜鱼肥。

青箬笠，绿蓑衣，斜风细雨不须归。

这是一幅清新的江南春景图：翩然飞翔的白鹭，漂浮着娇艳桃花的流水，还有流水中有怡然游动的鳜鱼，更有头戴斗笠、身披蓑衣的渔民，在斜风细雨中，驾着一叶扁舟，荡漾在万顷碧波之上。诗作如画，生动活泼，意境优美。

枫桥夜泊

[唐]　张继

月落乌啼霜满天，江枫渔火对愁眠。

姑苏城外寒山寺，夜半钟声到客船。

这是一首意境清远的小诗。船中的旅人和船外的景物之间一种。月落乌啼、霜天寒夜、江枫渔火与孤舟客子无言地交融契合。最后"夜半钟声"更是揭示诗人卧听疏钟时的种种难以言传的感受。枫桥的诗意加入历史宗教文化的色泽，而显得更加丰富深邃，达到了情景交融的艺术意境。

西江月·夜行黄沙道中

[宋]　辛弃疾

明月别枝惊鹊，清风半夜鸣蝉。

稻花香里说丰年。听取蛙声一片。

> 七八个星天外，两三点雨山前。
> 旧时茅店社林边。路转溪桥忽见。

　　宋词优美，这是我和宝宝瑞都非常喜欢的一首词。作者以宁静的笔调描写了充满着活跃气氛的夏夜。一路走来，有清风、明月、疏星、微雨，也有鹊声、蝉声，词人还闻到了稻花香。最后词人看到那家熟识的小店，可以歇脚，愉悦之情油然而生。词从视觉、听觉和嗅觉三方面抒写夏夜的山村风光。情景交融，优美如画。恬静自然，生动逼真。这是一幅颇有审美价值的淡墨画，充满着农村生活气息的夏夜素描。

理性认识

观书有感

[宋] 朱熹

半亩方塘一鉴开，天光云影共徘徊。
问渠那得清如许？为有源头活水来。

　　朱熹（1130—1200），是继孔子之后又一位具有世界影响的思想家、哲学家、教育家。他集宋代理学于大成，继承魏晋以来儒、佛、道、二程（程颢、程颐）的思想，把自然、社会、人生等方面的问题融于一炉。朱熹的思想为"理"，即事物的规律、道德上的基本原则。

　　朱熹的这首《观书有感》就是一首说理诗。表面看起来是描写风景：半亩大的方形池塘像一面镜子一样打开，清澈明净，天光云影在水面上闪耀浮动。但实则是阐释其中蕴含的理性思想，即半亩方塘里的水很深很清，所以能够反映天光云影，反之，如果很浅很污浊，就不能反映。之后追问，"为什么池塘里的水这样清澈呢？"是因为有永不枯竭的源头源源不断地为它输送活水。这首诗包含着隽永的意味和深刻的哲理,把感性形象上升到理性认识,同时寄托着诗人对读书人的殷切希望:读书要不断地从中汲取新的营养才能有日新月异的进步,源头活水不断,池水才能清澈见底映照出蓝天云影,人只有经常开卷阅读才能滋润心灵焕发神采。

题西林壁
[宋] 苏轼
横看成岭侧成峰,远近高低各不同。
不识庐山真面目,只缘身在此山中。

  这也是一首哲理诗。庐山是座丘壑纵横、峰峦起伏的大山,游人所处的位置不同,看到的景物也各不相同。这两句"横看成岭侧成峰,远近高低各不同"概括而形象地写出了移步换形、千姿万态的庐山风景。而"不识庐山真面目,只缘身在此山中"道出为人处事的哲理。为什么不能辨认庐山的真实面目呢?因为身在庐山之中,视野为庐山的峰峦所局限,看到的只是庐山的一峰、一岭、一丘、一壑,局部而已,这必然带有片面性。游山所见如此,观察世上事物也常如此。立脚点不同,观察的角度不同,结果就不同。所以要认识事物的真相与全貌,必须超越狭小的范围,摆脱主观成见。
  只有客观地研究它的各个方面,才能获得正确的认识。

秋词
[唐] 刘禹锡
自古逢秋悲寂寥,我言秋日胜春朝。
晴空一鹤排云上,便引诗情到碧霄。

我国古代文学中，常将"秋"与"愁"等同起来，但这首咏秋诗别具一格。诗人以乐观的态度、豁达的胸怀歌颂秋天，独辟蹊径创造了一个高远奋起的意境。此诗立意高远，融情、景、理于形象之中，给人以美的享受和心灵的启迪。诗人深深懂得古来悲秋的实质是志士失志，对现实失望、对前途悲观，因而在秋天只看到萧条，感到寂寥，死气沉沉。诗人同情他们的遭遇和处境，但不同意他们的悲观失望的情感。他针对这种寂寥之感，偏说秋天比那万物萌生、欣欣向荣的春天要好，强调秋天并不死气沉沉，而是很有生气。他指引人们看那振翅高举的鹤，在秋日晴空中排云直上、矫健凌厉、奋发有为、大展宏图。显然，这只鹤是独特的、孤单的。但正是这只鹤的顽强奋斗冲破了秋天的肃杀氛围，令志士们精神为之抖擞。这只鹤是不屈志士的化身，奋斗精神的体现。所以诗人说："便引诗情到碧霄"。"诗言志"，"诗情"即志气。人果真有志气，便有奋斗精神，便不会感到寂寥。诗人通过鲜明的艺术形象表达深刻的思想，既有哲理意蕴，也有艺术魅力，发人思索，耐人吟咏。法国大作家巴尔扎克说过，艺术是思想的结晶，"艺术作品就是用最小的面积惊人地集中了最大量的思想"，因而能唤起人们的想象、形象和深刻的美感。刘禹锡这首《秋词》给予人们的不只是秋天的生气和素色，更唤醒人们为理想而奋斗的英雄气概和高尚情操，使读者获得深刻的美感和乐趣。

总之，任何诗的创造都有其历史背景，诗人的情感与诗总是交融在一起。每位诗人都有自己的人物性格，他的经历决定诗词的历史性，而且外化出来的诗作是诗人内心的反照。我们作为读者既要依据历史背景去领会其中的意蕴，又要与自己的处境结合，有自己的时代体会。其实这就是伽达默尔的解释学。

第三节 日常生活联想：

我也很喜欢在日常交流中不断地追问宝宝瑞思想深处的秘密。在日常生活联想中记录了宝宝瑞的好奇、困惑、探究，以及他对世界的最初理解与阐释。

1.

我给宝宝瑞买了新东西——黑色的卡片一放在书上，书中的动物就"活了"。

谁知道他看了一眼竟说："不要被事物的表面现象所迷惑。"

我晕，这是一个不到五岁的小朋友应该说出的话吗？

这句话不知道他是从哪里学到的，但却被他恰如其分地运用。这就是语言学习与情境的关系。

2015.09.16

2.

刚才带宝宝瑞去蛋糕店，在里面他要碰一个蛋糕模型，我说："小心点，那是假的，别碰坏了。"他小心翼翼地触碰了一下，兴奋地说："这个蛋糕真是假的啊。"

我于是问："你这句话里又有'真'这个字，又有'假'这个字，那到底是真还是假的啊？"

他表情突然有点懵了，说："蛋糕是假的啊。"

我接着问："那你为什么还要说'真'呢？"

他有些激动了："那个蛋糕就是假的，'真的'是用来形容'假'的。"

我又接着问"这个'真'和'假'是反义词吗？"

他说"是啊。"

我再问："那为什么用一个词来形容它的反义词呢？"

……他终于不理我了。

2016.03.10

3.
我已经无法跟进不到八岁的宝宝的思维和语言了。

情境1（刚才我躺在床上，他走到床边）
我说："妈妈今天累坏了。"
宝宝瑞说："妈妈你今天出去玩了？"
我说："不是，妈妈今天出去办正事！"
宝宝瑞说："哦，我知道了，你去逛街了吧？"
我说："不是，不是，我出去办正事了……"
宝宝瑞说："哦，好吧。"

情境2：前几天朋友还书给我，我和她正聊关于书中的内容，宝宝瑞突然从车里探出头去："阿姨，你是不是因为晚上睡不着觉才管我妈妈借书的？"我顿时……

情境3：
宝宝瑞说："妈妈，你知道吗，唯一能摧毁我的就是无聊了。"
我说："哈哈，你知道什么是无聊啊？"
宝宝瑞说："无聊就是没意思呗。"
我说："妈妈一直在研究"无聊"，以后写本书你看看吧。"
宝宝瑞说："啊？那我得多无聊啊。"

2018.07.09

4.

宝宝瑞在一张画有地图的毯子上准备拼乐高，突然他问我："为什么香港和中国其他地方不一样，要说'中国香港'？"

我于是通过"殖民地"、"资本主义社会"、"社会主义社会"、"私有制"、"公有制"、"一国两制"等一系列的名词概念串联解释了这一问题。宝宝瑞表示听懂了，并用自己的理解复述了一遍。

突然我灵光一闪，进一步解释："譬如妈妈之前很穷又很无能，到处受欺负，妈妈还有一个儿子就是你的哥哥被别人抢走了。妈妈很难过但也没办法。但现在妈妈有钱了也有地位了，就把你哥哥要回来了，但他由于常年在别人家，已经形成了自己的个性，一时半会也没办法改，就先让他保留着。但你不同，你一直在妈妈家长大，你就得一直听我的……"哈哈。

2019.01.07

5.

刚才宝宝瑞拿着一个纸飞机说："妈妈你看，这是一个双头的纸飞机。"

我瞥了一眼应和着说："哦，不错。"

他接着说："你知道吗妈妈，我刚学折纸飞机，结果折错了，我干脆把折错的部分改变成另一个飞机头，现在它变成了双头飞机而且还可以变形。"

我于是来了精神！

我说："这就是科学，无数次的实验，无数次的失败，你可以重新开始，也可以在失败的过程中发现新的创意，只要你家开矿……哈哈。譬如嫁接，譬如化学制品，……本来是弄错了，诶，后来发现这样也可以，甚至比原来的想法更好。"

重点的来了。

接着我说:"哲学就不一样了,需要的是大智慧,那是运筹帷幄之中决胜于千里之外。哈哈。"

2019.01.26

6.

有一天宝宝瑞对我说:"我将来要学理科。"

我问:"为什么?"

他回答:"我看你每天看的书都特别枯燥,所以我选理科。"

我看着他笑了笑说:"我希望你有一天是因为热爱理科而选择理科,喜欢与非此即彼的不得不是两码事,主动选择永远比被动选择高贵。"

2016.04.01

7.

最近一段时间宝宝瑞一直用手机收听侦探故事。

昨晚他又在听时,我对他说:"总听那些没用的,听点历史故事多好。"

他竟然微笑地对我说:"妈妈,我连听个故事都要受你的限制吗?"

哈哈,这是他第一次以这样的方式与我对话,运用理性,高扬自我意识,要求平等和不受约束。

之所以这样说,

第一,他是"微笑"着,说明他是想理智地与我交流。

第二,他使用了"限制"一词,说明他对"自我"有了明确的认识,也对"自由"有了充分的理解。

我非常欣慰,值得记录。

2019.05.16

8.

下午和宝宝瑞聊天，我说我下周会很忙，硕士课开始了、教师节活动、还要组织博士答辩什么的。

他突然问我："什么是答辩？"

我回答："答辩就是针对学生写的论文提出问题。"

他接着问："会提出什么样的问题呢？"

我想了一下说："譬如你上次写的文章，关于'让'你有不同的理解，我讲《六尺巷》的谦让'让他三尺又何妨'，你说如果一直让就什么都没有了，'让'可以，但要适度。……那么如果我是导师，我就会问，你说的'度'依据的标准是什么？或者说你不能再继续'让'了，这背后的原因是什么？再比如，一个人抢了你的钱，但他是因为急于给他妈妈治病，你怎么处理呢？从法律上讲他违法了，但从人情上看他是孝顺……那么你评价这个事的标准是什么呢？你的'度'在哪里呢？"

宝宝瑞非常冷静地看着我说了句："这样的问题就不要问了，会给学生造成心理阴影的。"

哈哈，我笑着追问："为什么？"

他回答："看似很简单的问题，却不知道如何回答。"

我突然想起了我博士答辩时一位导师就我的论文《施密茨的身体现象学研究》问我"身体如何可能？"确实在一段时间里给我的心理造成了阴影。

2019.09.07

9.

刚才开车的时候，宝宝瑞突然对我说："那些犯罪的人真傻，总是留下线索。要是我，我就会在犯罪之前想得非常周密……"

我说:"啊?你天天听爱小坡侦探,不是学习如何破案,而是学习如何犯罪?"

宝宝瑞:"对了,哈哈,我就是要设计一次完美的犯罪。"

我:"可我记得爱小坡里面的开场白就是'只要是案子,就会有线索。'"

宝宝瑞:"是啊,福尔摩斯也说'再完美的犯罪,也会留下线索'。这很有意思,一样的东西,一方面希望完美,而另一方面需要破绽……"

我说:"这就是矛盾的统一体,就犯罪这件事来说,警察和罪犯是统一体的两个方面,它们一方面是对立的,立场不同,相互博弈……但他们又相互学习,譬如警察如果成了罪犯,那么侦查能力就会变成反侦查能力,这就是对立面的转换……"

我发现我的职业病已经病入膏肓了。

2019.10.20

10.
昨天晚上和宝宝瑞一起看电视《破冰行动》,里面提到"冰毒",宝宝瑞便问我:"什么是冰毒啊?"

我回答了有关毒品的问题以及对人的伤害,然而结尾处不过脑子地提了一嘴:"以后这黄、赌、毒,你都不能碰啊。"

他马上就问我:"妈妈,什么是黄、赌、毒啊?"

于是一场灾难式的解释就在随后展开了。

我一边掩饰着内心的焦虑，非常认真清晰地解释"赌"和"毒"，以便拖延时间，另一边已经开始在头脑里构思一会如何回避"黄"，如何轻描淡写地解释"黄"……而我又同时意识到我越清晰地解释"毒和赌"，就越预感"黄"的"回避"和"轻描淡写"的可能率得降低。

果然，我愚蠢中的聪明远远不及聪明中的愚蠢。

他在听完我解释赌与毒后，直接问我什么是"黄"，眼睛正视我，态度严肃而认真。

我想着如何掩饰无法解释的恐慌，自然地而又不激起"黄"的特殊性和敏感性。显然躲躲闪闪、语无伦次一定是适得其反的，于是我又犯了"越乱越错"的毛病，竟然说出"黄应该是一种非正常的夫妻关系"，可说完"夫妻关系"四个字，我就知道深渊就在脚下，万劫不复是一定了。

果然我的宝宝瑞没有放过我，他紧接着问："那什么是正常的夫妻关系呢？"

这样，我一直以来认为的对未来孩子"性"问题教育的自信在这一瞬间坍塌得毫无防备。

我终于乱了："呃……我也说不好，要不咱们百度吧。"

当我们一起看到百度的解释的"黄"："指卖淫嫖娼，贩卖或者传播黄色信息"后，我知道我已失去了求生的欲望。

而当他继续问我："什么是卖淫嫖娼"时，我的心突然又亮了。

我相信我下面的话就是哲学的力量。哈哈。

我说："语言好奇怪，用一个概念解释另一个概念，最后陷入概念的漩涡，这样解释下去没有意义，而且每个人对事物的定义不同，理解也会不同……最后概念本身也没有了意义……"

我在这样的类似五分钟的论述中终于看到了宝宝瑞的表情由疑惑变成了反感。

我又起死回生了。

2019.12.26

11.

昨晚我在电视上看《今世缘等着我》，讲的是一家母子三人 31 年前同时被拐卖，当时女儿七岁，弟弟才不到一岁。三个人在一个新的家里长达 31 年的苦难：被家暴，被凌辱……致使母亲和弟弟精神失常，这 31 年来唯一支撑着女儿的是她曾经和亲生父亲在一起的那六七年的温暖和幸福……自十五岁起女儿便外出打工，一边照顾母亲和弟弟，一边寻找父亲……不堪忍受生活的压力和父亲杳无音信的绝望，她跳楼自杀未遂……。最终战胜自己，想起大树一样的爸爸，她学会了坚持，打工赚钱，给妈妈和弟弟盖了房子，为自己所爱的人撑起了一片天。

最后终于通过这个栏目找到了亲生父亲……

我一边看一边哭，泣不成声。在电视上看完了，我又跑到电脑上重看了一遍，仍然泣不成声。

宝宝瑞问我："你既然那么难受，为什么还要再看一遍呢？"

他这么一问，我陷入了沉思，反问自己："是啊，为什么那么痛彻心扉，我还要反复折磨自己呢？"

我想了很久，说："我之所以沉浸其中，是因为对他人苦难的同情，总会让我反思为什么从深渊里爬上来触摸到的幸福更让人珍惜。这些会让我反思'命运'的不公背后的意义……而我作为一个哲学研究工作者，到底做了些什么？应该做些什么？如何去做？"

2020.02.18

12.
宝宝瑞今天对我说："以后请叫我'卓丰'"。
我说："什么意思？"我一脸茫然。
宝宝瑞："古代人的字号都与自己的名字相近、相反、或是有关联。我的名字是董凡瑞，所以我想取'凡'（平凡）的反义词'卓越'的'卓'字，再取'瑞雪兆丰年'中与'瑞'关联的'丰'字，作为我的字号。"
好吧，从今日起，我的宝宝瑞名为董凡瑞，字卓丰。哈哈。

2020.03.03

13.
宝宝瑞不知看的什么闲书，突然问我："什么是纳粹？"
我一下子兴奋起来，这么多天对着电脑屏幕上网课，无数次尴尬到以为自己是精神病而自言自语。这回终于可以给真人讲课了。
我兴致勃勃地从"民族社会主义德国工人党"中德文"民族社会主义"（Nationalsozialismus）的缩写Nazi（汉语音译成"纳粹"）讲到希特勒，从希特勒讲到反犹主义，再由反犹主义讲到纳粹集中营……
但期间我发现，宝宝瑞的目光已经几次回到他的书上，最后我终于压不住这种因兴奋到疑惑再到失落而造成愤怒情绪。
我问："什么意思？不想听了？"
宝宝瑞："嗯，我还是想看我自己的书。"

我深吸了一口气又吐了出去，所有的委屈都写在了脸上。算了，我心想：至少你现在的诚实还是值得珍惜的。

2020.03.20

14.
昨天晚上睡前我和宝宝瑞讨论一个事情。

之后他若有所思地问我："我听说，在过去的时代家长是很少和小孩商量事情的……孩子还经常受到体罚，那为什么现在不同了，你总是和我商量……"

我笑道："其实有时候我也想揍你……哈哈，但我觉得，你也是家庭的成员，你也应该能独立思考，也应该有话语权。当然过去时代的限制，在传统的家庭人伦关系中，成人，甚至只有成人男性作为家庭的中心，儿童只能从属于大人。"

最近在思考一些儿童哲学教育问题，宝宝瑞的问题让我又有了新的思考方向，传统的家庭人伦关系对儿童成长的影响：对儿童能力的低估和理解的匮乏。

突然又想起小时候身边邻居的小孩整天被打，家长的对白永远都是："我说什么就是什么！"

2020.05.15

通过和宝宝瑞的对话，我深知我们成人对儿童认知的匮乏。只有当成人亲自与儿童的对话，才会惊讶于他们的智慧与奇妙的思想。儿童确实有着自己的哲学观，他们朴素的语言中总是充满着神奇的能力，他们的思想那么地自由、散漫和富有创造性。实际上在我看来儿童在四岁时初步的逻辑思考能力就已经形成，所以儿童的哲学启蒙就应该开启，让我们带着孩子一起去探索吧。

第三章 儿童哲学教育的原因
——儿童是天生的哲学家

哲学是对智慧的热爱与追求，哲学具有疑惑、反思、追问、批判的本质，它体现了哲学家对世界和生命本身的追寻与探索。通过第二部分"我和宝宝瑞的哲学对话"，我们发现儿童与生俱来的哲学天性。儿童对周遭的事物非常敏感，处处充满了好奇和困惑，也会毫无顾忌地付诸探究的行动，自由自在地释放他们的需求和欲望。通过研究我们知道，儿童的思维是一种原初的哲学思维，儿童的思考领域也涉及到哲学家所关注的关于宇宙万物起源、人与物、物与物、人与人之间关系变化等等的哲学问题，甚至包含着形而上学的终极问题。著名的儿童哲学家马修斯就曾谈起过他儿时的困惑，他曾自问过"时间是什么？""假如上帝在某个特定时刻创造了世界，可世界怎么仿佛是一直持续存在的呢？"他向母亲提问，但并没有得到具体的答案，而他自己竟然用了一个类比解释给母亲："别担心，妈妈，我认为这就像人画的一个完整的圆圈。画的时候你在那里，你会知道起点在哪里。可你现在看这个圆圈，你就说不出哪里是起点了。这正像一个完整的圆圈，起点和终点是彼此相连难以看出的。"[①] 小马修斯对这个关于宇宙起源说的解释是多么深邃啊，这样的思考和结论完全可以和经典

[①] 马修斯：《童年哲学》，生活·读书·新知三联书店2015年版，第7页。

哲学家的观点相媲美。譬如亚里士多德通过深刻推理得出的"世界无开端论"、托马斯·阿奎那调和的"世界永恒"学说与世界有绝对开端的"神创论"等。马修斯在《童年哲学》中还举了这样一个例子：五岁的克莉丝汀对父亲说："我真高兴我们有字母。"父亲吃惊地问："为什么？"克莉丝汀回答："因为没有字母，就不会有声音。"然后她又继续解释："如果没有声音，也就不会有单词……如果没有单词我们就不能思考，也就不会有这个世界。"克莉丝汀的推理令我感叹，她将"字母"与"思考"相连，又将"思考"与"世界"相连，这正是巴门尼德的存在论阐释"思维与存在的同一"，即只有被想到的才是存在的。从这两个小例子，我们看到儿童思想的珍贵和深邃。总之，对绝对认识的发问意向、在哲学对话中"高超的"争辩能力，以及追求智慧的愉悦精神都让儿童展现出了哲学家的高贵姿态。我们可以说儿童就是天生的哲学家。

第一节　儿童的特质

儿童的特质就是在儿童的世界里充满着问题，他们喜欢提问（问题缘），也喜欢不断地追问（问题续），而且儿童是游戏式思维的生活方式。

一、问题缘和问题续

在这里我提出两个概念。在我看来，儿童具有"问题缘"和"问题续"的特质。这个"问题缘"就是问题的缘起，儿童愿意提问；"问题续"就是对问题持续性地追问。

就"问题缘"而言，每个儿童刚刚来到这个世界，周遭的一切对于他们来说都是神秘和五彩斑斓的。我记得宝宝瑞四个月大第一次被抱到外面时，眼睛里充满了似乎看不过来的惊奇，一切都是陌生和新鲜的。随着孩子慢慢地长大，从浩瀚的星空、广袤的土地、无边的汪洋到一小片树叶、一只小蚂蚁、一滴小露珠都能触动他们的感知和想象，他们好奇地提出各种千奇百怪的问题，迫切地想知道身边的事物到底是什么、是怎样发生的、为什么会发生……。他们会问："这是什么？""那是什么？""为什么会这样？"依据皮亚杰儿童认知发展理论，儿童就是通过提问与世界建立联系的。也就是说，儿童从感知到动作、语言，从依赖具体的、感性事物到独立的逻辑推理的全过程就是通过提问贯穿其中的。儿童起初在刚学会说话到四岁之前对事物表象好奇，愿意问"这是什么？""那是什么？……"而四岁之后，儿童开始追问更深层的东西，"为什么会是这样的？""怎么变成这样的？"并且不再满足成人直接给出的答案。儿童初与世界相遇，提出的问题看似单纯、幼稚，但却勇敢、坦率，蕴含着深刻，而且这些问题充满着无穷的想象，是那么的珍贵。正如周国平所说："这是人类精神永恒的灿烂现象，但在每个人一生中却又是稍纵即逝的短暂时光。"

　　随着儿童慢慢长大，他们的提问更是开始具有了哲学色彩，他们追根溯源，探究万事万物的状态和关系。譬如几乎每个儿童都曾问过"我是从哪里来的呢？""天上为什么有星星呢？""宇宙外面还有什么呢？""我也会死吗？""这世界上真的有神存在吗？""什么是勇敢和善良？"其实这些对有限、无限、本源、生命的追问已经涉及到哲学家终生困惑、探讨的问题，譬如存在论、形而上学、人生意义、伦理价值等问题。只是儿童自己并不知道，家长也并不了解。

　　我记得我很喜欢的作家彼得·汉德克的诗歌《童年歌谣》中的一段话：

　　　　当孩子还是孩子，
　　　　爱提这些问题：
　　　　为什么我是我，不是你？
　　　　为什么我在这儿，不在那儿？

时间从哪里开始？空间又在哪里结束？

阳光下的生命，不是一场幻梦吗？

我所看到的、听到的、闻到的，

不是面前这个世界的幻象吗？

这世界上真的有恶吗？

为什么，我这个人，

在来到人世前并不存在？

为什么，我这个人

总有一天不再是我？

儿童对世界充满好奇，他们愿意提出问题，而且儿童的提问甚至触及到了哲学的奥秘，可以说，儿童的问题缘特质使儿童无限地接近哲学家，他们对世界所提出的问题也无限地接近哲学问题。正如古希腊的哲学家认为的：哲学就起源于人们对事物的惊讶。苏霍姆林斯基曾经说过："儿童就其天性来讲，是富有探求精神的探索者，是世界的发现者。"[1] 德国哲学家雅思贝尔斯在《智慧之路》也曾说过："我们可以从孩子们提出的各类问题中，意外地发现人类在哲学方面所具有的内在禀赋。"[2] 还有《苏菲的世界》作者乔斯坦·贾德也认为，儿童比成人更接近，也更容易成为哲学家。法国哲学家吉勒斯·德勒兹在《千高原》中赋予儿童"斯宾诺莎主义者"[3] 的称呼。因为在德勒兹看来，儿童就像斯宾诺莎那样天赋

---

[1] [苏] 苏霍姆林斯基：《把整个心灵献给孩子》，唐其慈等译，天津人民出版社 1981 年版。

[2] [德] 卡尔·雅斯贝尔斯：《智慧之路》，柯锦华译，中国国际广播出版社 1988 年版，第 2 页。

[3] 德勒兹、加塔利：《资本主义与精神分裂：千高原》（卷 2），姜宇辉译，上海书店出版社 2010 年版，第 361 页。

秉异，对自己笃信的经典也会充满怀疑，儿童的世界充满着各种问题。马修斯就在《哲学与幼童》中指出，儿童的提问、追问、推理都类似于哲学家，而且成人对哲学的研究是其在儿童阶段时思想的延续。"作为成人研究对象的哲学可被看作对儿童提问的成熟的回答。"[1]

就"问题续"而言，儿童不满足于提问，他们不仅思考自己提出的问题，而且也在思考大人给出的回答，他们绝不满足于成人给出的简单、直接、模糊的答案，他们甚至讨厌大人回答："别问那么多了，记住就得了。"他们更愿意追问，他们有不达目的不罢休的追问精神。其实成人也会产生问题，即有问题缘的特质，但会对事物给出的结论有"理所应当"、"不予质疑"的认可，那么就不会继续追问，便失去了"问题续"的特质。如果说人的认识是从提问开始，那么认识的全过程必然还包含着对问题的追问和求解过程，而最终的认识成果一定是在反复追问中得出的。我们甚至可以说认识的过程就是问题构建的过程，问题的构建包括提问、追问、解释、再追问、再解释……如德勒兹所言"人类的历史，无论从理论上还是从实质上，都可以被看作是构建问题的历史。正是在这里，人类才有自己的历史，并且逐渐意识到提出问题的活动就像自由的征服一样。"[2]问题的建构，或者说提问和通过追问而对问题形成的认识，在思考中起着极为重要的作用。追问问题而进行的研究才具有意义。杜威在《我们如何思维》一书中提出了关于思维发展的过程，即思维从迷惑到困难，再到澄清解决过程。而思考"是把事实的观察看成是解决问题、勘定纠纷所在、确切地而不仅是，他感到困难是什么，和困难在什么地方的不可缺少的步骤。"[3]

---

[1] Matthews, Gareth. B., Philosophy and The Young Child, Cambridge: Harvard University Press, 1980, p.1.

[2] Marks. J., Gilles Deleuze–Vitalism and Multiplicity, Pluts Press, 1998, p.23.

[3] [美] 杜威：《哲学的改造》，许崇清译，商务印书馆1958年版，第76页。

儿童喜欢追问，马修斯就曾讲过这样一个故事：五岁的乔丹对时间产生了疑惑，他不断地追问："如果我八点钟睡觉，明天早上七点钟起床，我怎么断定时钟的短针只走了一圈呢？我是不是要整晚不睡，一直看着它呢？要是我望了望别处，哪怕是一小会，短针也可能走了两圈。"[①] 乔丹对成人认为理所应当的、所谓的可靠的常识进行追问，也就是说为什么通过观察到的东西就能推断未观察到的东西？那又怎么通过观察到的东西确定或者说推论未观察到的东西呢？就像如果人们观察太阳在过去的每天都会升起，那就一定能够推论出它明天也会升起吗？也就像你见过的所有天鹅都是白色的，你就能推论出所有的天鹅都是白色的，天鹅就是白色的吗？马修斯说这个孩子的追问就是哲学中的"归纳法问题"。还有沃尔夫在小说《Storfall》中描写了一个六七岁的男孩和他爸爸的对话。男孩问："浴室的门那么大，我的小眼睛怎么看得见它呢？"，这个问题在大人看来是无需提问的常识。这位爸爸非常耐心地解释了视觉形成的原理，并在纸上画图，来表示光线是如何进入眼球并形成微小的图像，然后通过神经系统传递给大脑，大脑再把它还原为正常大小的图像……但男孩对这样的回答并不满意，他皱着眉头问："那我怎么确定我大脑里反映的就是浴室门真正的大小呢？"[②] 对于这个视觉原理，马修斯也曾提到他八岁儿子约翰的疑问，"爸爸，我有两只眼睛，每只眼睛都能看见你，为什么我没有看见两个你呢？"这个复杂的问题涉及到了光学、神经科学、心理学，同时这个追问的过程更是触及了哲学认识论的问题。当时的马修斯解释："也许是因为你用左眼得到的影像和用右眼得到的影像并在一块的缘故。它们合到一块儿，就成了一个影像。"但约翰没有完全接受父

[①] Matthews, Gareth. B., *Philosophy and The Young Child*, Cambridge: Harvard University Press, 1980:12-13, 中译文参见马修斯：《哲学与幼童》，陈国容译，生活·读书·新知三联书店2015年版，第4页。

[②] Christa Wolf, *Storfall*, Darmstadt: Luchterhand, 1987, pp.105-106.

亲简单化的解释，他悉心钻研寻求解释，在学校了解视觉、网膜视像的知识，而且对父亲说："对这个问题我还得动脑筋，等我找到了答案再和你谈。"① 这些是多么令人感叹和珍贵的追问情节啊，它们就是儿童探索世界的深层动力。

二、游戏式思维的生活方式

儿童以游戏作为自己的生活方式，游戏的这种生活方式会产生不确定性和生成性，这也是"问题续"（问题能够持续追问）的原因和条件。游戏是儿童主要的生活方式，他们在游戏中与万事万物建立联系，展现丰富的想象力，并产生意义。德勒兹说"游戏没有先在的规则，游戏自身就是规则。这个游戏只有嬉戏的孩童才是玩家。这个游戏每一次肯定的都是偶然。"② 儿童在游戏中感知和认知世界，将想象在其独特的世界中建立各种关联。而且在游戏中，儿童与世界自然地融合。儿童在游戏的体验中与世界相遇，而游戏中虚拟的潜在性会在其中生成一种现实性，沉淀后再创造新的规则，继续"演绎"。

总之，儿童的特质就是问题缘、问题续和玩游戏。可以说问题缘和问题续就是儿童的首要特质，问题缘（提问）和问题续（追问）为儿童认识世界起到了重要意义。儿童因为对周遭好奇困惑，进而产生问题，甚至触及深奥的哲学问题，同时又通过游戏的生活方式与世界相连，即在游戏中哲学地思考。譬如马修斯引用苏珊·萨克在《儿童智力发展》③ 中的一个故

---

① Matthews, Gareth, B., *Philosophy and The Young Child*, Cambridge: Harvard University Press, 1980, pp.8–9.

② Dcleuze, Gilles, *Difference and Repetion*, trans, Paul Pation, New York: Columbia University Press, 1994, p.116.

③ Isaacs, Susan, *Intellectual Growth in Young Children*, LondonL Routledge & Kegan Paul, 1930, p. 355.

事来说明儿童是如何在游戏中哲学的。四岁半的丹尼斯试图对爸爸解释一个东西可以同时既在前面，又在后面。爸爸不明白，丹尼斯就在圆桌旁边演示给爸爸："假装我们现在绕着桌子一直走、一直走——现在你在前面，我在后面——然后我在前面，你在后面。"[①] 丹尼斯的思考是非常奇妙和深邃的，这种思考类似于亚里士多德的相对逻辑。可见儿童的游戏与哲学思考的紧密关系。

所以说儿童爱智慧的表现是提问、追问和游戏，儿童在游戏中遇到问题，那么便思考和追问，这就是儿童在游戏中探究事物本质的方式。我记得我小时候玩闹钟，就想知道闹钟里面到底有什么，为什么里面的指针会一圈圈地走动、为什么指针走到固定的地方，闹钟就会响。于是我就把闹钟拆成了零件，后来又把它们装了回去，闹钟看起来还是原来的闹钟，尽管还有一些零件散落在桌子上，尽管从那以后它的指针再也没有转动……。儿童提问和游戏是相辅相成的。在儿童的游戏中现实与幻想、自我与世界、自由与束缚、手段和目的等都达成"对立的统一"。这些对立又统一的矛盾能够帮助儿童分清自我世界和外部世界，并在外部世界中确证自己。通过证实问题的结论，儿童走进游戏；通过游戏儿童又能够发现新的认知能力，提出新的问题，表现出对新的生活主题的兴趣。

第二节　儿童特质的根源

那么为什么儿童会有问题缘、问题续和游戏式的生活方式呢？

我认为主要在于：儿童蕴含着人类自身得以生长的内在力量，这种力

[①] Matthews, Gareth. B., *Philosophy and The Young Child*, Cambridge: Harvard University Press, 1980, p.4.

量就是原初的生命力；儿童具有原始思维，即神秘的未分化特征、"自我中心"特征、"泛灵论"和直接形象性特征；还有就是儿童未经历社会化的"文化"塑造。儿童内在蕴含着原初的内在生命力和原始思维，他们身心未分化的原初性、直觉的直接性等特征使他们天性不受社会"文化"的束缚，他们会突破社会化预先规定的任何外部设计，使其与生俱来的力量不受任何约束地彰显出来。

一、原初的生命力

在哲学家柏格森看来，生命的本质就是创造，生命的意蕴是一种向上的冲动，而且这种生命的冲动是原初的、内在于人，人因为与生俱来的这种生命冲动才推动着自身不断地向前发展和创造。"从最初生命的静态存在、活力的过于柔软，到生命冲动的唤醒和喷发，生命流动的每个瞬间都是崭新和不可预见的瞬间，时刻处在一种发展、成长和成熟的进化状态。"[①] 尼采也强调生命不断超越自我的意志，从而要求生命的扩张与创造。而在我看来，儿童作为生命的起点，是一种未成熟状态，而正因为是未成熟、未完成状态，才让这种内在的源于自身的、向上的冲动力量最为原初、最为真实，也最为强大。可以说他们的发展展现出了无限的可塑性、强烈的创造性和广泛的自由性。他们不断地超越自我，在成长中创造，在创造中成长。中国古代的哲学家老子也发现了儿童身上这种强大的生命力，老子是这样描述的："含德之厚，比于赤子。蜂虿虺蛇，猛兽不据，攫鸟不搏，骨弱筋柔而握固，未知牝牡之合而朘作，精之至也。终日号而不嗄，和之至也。知和曰常，知常曰明。益生曰祥，心使气曰强。"[②] 可以说创造就是儿童生命本质的体现，是个体先天具有的一种生命特性。

---

① 亨利·柏格森：《创造进化论》，商务印书馆2004年版，第11页。
② 《老子道德经》，世界书局1935年版，第34页。

这种创造的本能具有发展的内在需求与潜能，儿童可以主动吸收外界环境的信息来构筑自己的精神世界，所以他们会根据自我的需求自然而然地表达着对事物的质疑、追问……进而满足和填充自己的精神世界。他们通过"不确定性"的力量和身体、情感的敏感强度在无法预测的各种环境中自然地感知、触动、成长，使其生命持续地蓬勃壮大。也正如德勒兹所说："我们要说纯粹内在性是一种生命，而不是别的。它不是朝向生命的内在性，而不存在于任何事物之中的内在性本身就是一种生命。一个生命是内在性的内在性，是绝对的内在性：它是完整的力，是完整的快乐。"[①] 他在《意义的逻辑》中还用"树变绿了"比喻生命的动态过程。如果说"树是绿的"，那么便象征着静止的、封闭的状态，而"树变绿了"是动态事件，有生成、变化的意味，而在德勒兹看来人的生命正是具备这样不断生成且具有强大力量的内在特质。譬如说儿童"一天一个样"，就是强烈地体现着一种内在的悖论性，他不从属于某一种线性的"活法"，而是跳跃的、无章法、无规则、偶然性的状态。但他们却能在跳跃的、无章法、无规则、偶然性的体验中认识和体验。

> 马修斯在《与儿童对话》中就举过这样的例子。
> 玛克辛说："老师你知道吗？奶酪是草做的。"
> 老师问："为什么这样说？"
> 玛克辛回答："因为奶酪是牛奶做的，牛奶是牛生产出来的，而牛是吃草的。"
> 老师接着说："你吃不吃奶酪？"
> 玛克辛说："吃啊。"

[①] 德勒兹：《内在性：一种生命……》，载德勒兹：《竹学的客体：德勒兹读本》，陈永国、尹晶主编，北京大学出版社2010年版，第320页。

> 老师:"那么你也是草做的吗?"
> 玛克辛:"不是,我是人。"①

二、原始思维

人类的发展过程与个体生命生长过程极具相似性。儿童思维具有类似于原始人的神秘未分化、"自我中心"、"泛灵论"倾向和直接形象性的思维特征。

列维·布留尔在《土著如何思考》中阐释:原始人的思维是一种"不合逻辑"或者说具有"原逻辑"的"非理性"思维形式,这种思维形式遵从一种与我们现在成年人的逻辑思维迥然不同的规律。原始人的思维是一种"神秘"的思维。在他们的思维里,自然存在的客观实在与他们在这种实在中所感知到的主观的、精神的、情感的东西是混在一起的。譬如流水、风吹、下雨等任何自然现象,又如颜色和声音,等等,从来就不像我们所感知的那样被他们所感知。在他们的思维里一切都是混沌在一起、被神秘的事物包裹起来的东西,根本不存在我们认识事物的思维方式,即按照事件与现象之间的因果关系来考虑和认识世界。在原始人的思维里,不分主观、客观,只是以自我作为世界的圆点,或者说中心点来理解和认识自然界,而且将自然现象等同于自身。他们认为所有的事物都同他们自己一样,是有生命有意识的,这就是原始人的"原逻辑"。而且由于他们对自然现象和自然规律还不了解或了解甚少,所以对客观自然界存在着极大的依赖性。同时由于原始状态,人的能力有限,无法掌控变化莫测的自然规律,也对自然现象譬如风雨、雷电、洪灾、火灾等都无能为力。所以原

---

① 马修斯:《与儿童对话》,陈鸿铭译,生活·读书·新知三联书店2015年版,第32页。

始人也会把自然现象和自然力量人格化，即把意识、意志、愿望和感觉都赋予他周围的自然世界，觉得整个自然界都是有生命的，这一切的现象都是神秘灵魂的运作，于是产生了"万物有灵论"。

那么按照这些特征我们分析：

首先，儿童思维具有身心未分化的原始特征。在我看来，儿童的思维与原始人类思维极具相似性。在儿童思维的世界里，一切也都是神秘混沌在一起的，不分主、客。而且儿童也不用正常的思维分析原因和结果、现象和本质的关系。从儿童心理学角度上看也是这样，儿童的自我世界与外界世界没有明确的界限，他们对外界事物的认知既不是内在的，也不是外在的，而是模糊于中间地带的混沌整体。随着儿童长大，两个世界才慢慢向两端分化，既慢慢形成自我意识或者说内在世界，也慢慢分清了什么是自我世界的理解、什么是外部世界的现象。① 这种身心未分化的原始特征在杜威的"未成熟状态"理论中也有所探讨。杜威认为未分化性虽然表现为"未成熟状态"，但恰恰这种未成熟状态才是"生长的首要条件"，才是人发展的潜力。这与德勒兹的"先验经验主义"思想也具有相似性，德勒兹认为儿童的未分化、未成熟特质就是生长性、生成性力量的表现。

其次，儿童思维具有"自我中心"的原始特征。对于儿童来说，由于原始这种浑然一体的状况，一切被感知的事物都成为主体本身的活动，这就是"自我中心"的特质。儿童心理学的研究也表示：儿童早期的社会行为始终是处于自我中心的状态和真正社会化之间的中间地带。……自我和外在现实还没有分化开来，不过在这个阶段，不仅是自我与客体没分化开来，而且是自我和别人也没有区分开来。其实在我看来，"自我中心"的特征很类似于主观唯心主义的"唯我论"。我就曾记得我五六岁时参加过一个葬礼，第一次接触了"死亡"这样的事件。其实当时我对他人的死亡

---

① 参见《儿童心理的发展》，山东教育出版社1982年版，第31页。

没有太多感受，只是看到别人哭，对死亡产生了恐惧。但我的恐惧与成人后担心死亡的原因不同。我当时是担忧自己的死亡与世界毁灭的关系。我觉得自己是世界的中心，一切都是因为我而展开的、为我而存在的，如果我"死"了，一切都得消失。所以我不可能死，世界不能因我而消失。……这种"自我中心"的特质就是原始思维，就是原始人的主客未分化、自我世界与外部世界混为一体的思维，就是意识开始于无意识的和浑然一体的自我中心。所以说这种在儿童阶段"自我中心"的思维特点亦是人类思维发展早期阶段的特质。

　　再次，儿童思维具有"泛灵论"的原始倾向。"泛灵论"倾向也就是把事物视为有生命、有意识和有感情东西的倾向。譬如儿童认为，凡是运动中的物体都是有生命的和有意识的，太阳知道自己在运转，风也知道它自己在吹动。大自然的一切也都是有感情的，所以他们总是与花花草草交流，同星星、白云、石头对话。我小时候奶奶家的院子里开满了花，我就觉得我高兴时，花也看着我笑；我难过时，花也会为我哭泣。我还给洋娃娃做衣服，怕她冷、怕她饿，我认为她喜欢白色，喜欢跳舞。就是这样，儿童相信一切事物都会和他一样，去想去做，有同样的心理、性格和感情。儿童的这种"泛灵论"倾向与原始思维中把意识、意志、愿望和感觉赋予自然、把自然人格化的"万物有灵论"观念极为接近。

　　最后，儿童思维具有直接形象的原始特征。儿童思维具有具体直观形象性特征。儿童的思维是形象的和具体的，因此他们的语言也是具体形象和比喻性的语言。他们直观生动地看待这个世界，在他们眼里万事万物是从生动的直观开始。譬如他们察觉到一个事物，就直观地依据这个事物的鲜明程度来进行区分和定义。这种儿童思维的形象具体性都是符合人类历史发展规律的。因为人类思维发展早期就是以形象思维为起点的。之后，人的思维才从形象慢慢过渡到抽象。恩格斯就提出这样观点：儿童精神的发展是人类祖先智力发展的一个缩影。另外，儿童的绘画也与原始人类留下来的各种绘画极为相似，这样的艺术表现也都源于原始人思维的具体性、直观性和形象性特征。儿童思维的这种"直接性"特征在柏格森那里极被重视。他认为，直接性是一种直觉地把握生命本质的特征，这种"直觉""是一种理智的交融，这种交融使人们置身于对象之内，以便与其独特的、从而是无法表达的东西相符合。"[1] 直觉能够将自己深入到探索对象之中，与其生命中诸多因素相符合。在直觉中主体和认识对象相互融为一体，主客体相互交融，最终达成一种理想的境界。这是一种个体自身的生命体验，是一种"物我同一"的状态。而在我看来，儿童天然地拥有了这样的认识世界的方法。儿童在认识过程中真正地在体验与感受生命的脉动。

三、未经历社会化的"文化"塑造

儿童的思维没有被程式化思维所束缚，没有形成定性思维，他们的主体世界张扬展开，没有客观的标准。而成人会随着社会化文化的熏陶而产生定性思维或者说僵化呆滞和缺乏创意的思维。儿童没有被"熏染"，所以是清新的、有创意的。成人有自己相对固定、成形的概念世界，有规则、有标准，甚至有衡量的客观指标，而且有经过逐步渗透而形成的道德观念，所以对一些问题的认识是基于已经固定和习惯的视角。而对于儿童这样的担忧就不存在，他们没有客观的规则和标准，身与心、主观与客观、自我世界与外部世界都尚未分化，更没有形成社会化的文化和道德观念，所以不会被所谓的道德"绑架"，那么他们在认识事物时就会发自原初的思想，以一种整体的、无意识地和"自我中心"的方式感知、认识和体验世界。这体现着人类本源的能够爆发力量和火花的生命强度。他们是自由的，轻易逾越界限的、感性跳跃的音符，于是奏出了生动美好令人

---

[1] [法] 亨利·柏格森：《形而上学导言》，商务印书馆1963年版，第3—4页。

耳目一新的乐章。正如德勒兹所理解的："儿童的世界与周围环境有较高的融合度。无器官身体意图揭示一种真实的，但尚未成形的、'虚幻性的'力量，它既有批判功能化的有机组织的意义，又勾勒出万物如何在深层的、欲望的内在性平面中聚集和生成。这种欲望及其对个体的成长影响，是不同于精神分析式的封闭结构的，而是一种不断在新的情境中流出、交织和逃逸的关系与过程。强行将儿童、人类不断更新的经验'安排'到一种虚构的秩序中，不仅造成了人们对经验、差异的忽视，也在根本上让人们离真实的儿童越来越远。"[1]

总之，儿童的开放性、未成熟性是潜力的标志。儿童内在蕴含原初的内在生命力和直觉的直接性，身心未分化的原初性使其天性不受社会"文化"的束缚，他们会突破社会化的预先规定好的任何外部设计，使其与生俱来的力量不受任何约束地彰显出来。儿童自身体现着未分化的、蕴含着无数"生长点"的虚拟性。当然，这种虚拟性也是成人形成思维定式的开端，随着儿童成长，定性的思维方式慢慢地在社会规定性中初步形成，原来的原初性也会慢慢丧失。

---

[1] 参见李好：《德勒兹差异哲学视域中的儿童与儿童教育》，硕士论文，第41页。

第四章 儿童哲学教育的目标
——重新挖掘儿童心中的宝藏

第一节 对传统儿童教育的批判

儿童是天生的哲学家,所以要对儿童进行哲学教育以更好地将儿童作为天生哲学家的特质展现出来。现有的传统教育扼杀了儿童的哲学本性。教育成了成人需求和单一的外在目的性,而且将追求标准答案作为衡量一切的标准("同一性的教育"或者"标准教育"),即标准的塑造、标准答案的给定。这样的标准答案毫无开放性,儿童在这样的制约中也毫无生成性和多元性可言。思维被定性,创造力、多种可能性、差异性被剔除了,儿童再无思想空间去提问和追问。这泯灭了儿童"问题缘"(提问)和"问题续"(追问)的哲学天性。

在传统教育中儿童被动成熟,家长将世俗性资本的观念投射到对儿童的教育中去,譬如把成才等同于考上名校、把成功等同于赚大钱的能力等观念。为了增加未来社会的竞争优势,家长就强迫孩子高速度、高效率地掌握多种知识技能,为未来更好地生活储备资本。这样的观念对儿童的影响是潜移默化的,儿童过早接触到知识的"培训"。譬如识字、运算、学习英语。而且传统教育很类似于家长或是教师颁布命令和进行指挥,与儿童并不是通过获得信息而进行交流对话，从而引发进一步的思考，而是进行一种程式化教育、目的化教育。"当学校的教师考问一个学生的时候，她不是在获取信息，同样，当她在讲授一条算术或语法的规则的时候，她也不是在为学生们提供信息。她在给出一个符号，她在颁布命令，她在进行指挥。"[1] 成人掌握着绝对的话语权，儿童的学习方式就是被动接受，所有的知识和道理都不是内化于儿童，而是将儿童作为承载知识、技能和道德的"容器"。也就是说，儿童教育被引向某种外在于儿童自身需要的、成人的所谓高大上的目的，儿童背负着各方面的期待，实际上是社会施加给儿童的外在界限。孩子"不能输在起跑线上"是中国千千万万家长的心声，然而就因为这样的一句话，孩子们甚至从小学开始就告别了童年，取而代之的是填鸭式的教育，题海战术。……整个社会的氛围无不充斥着积压、枯燥、强迫……儿童把学习当成一种竞技，而不是素养的形成。就连诸如"诗词大会"这样的以传播知识为名义宣传的电视节目在我看来都是知识的灌输，而非无形的渗透。背诵记忆成了学习进步的唯一途径，考场成了学习的战场，升学成了学习的目标。教育的目的都是成人虚无缥缈的需求，因而"模仿"和"塑型"成了教育的基本方式，所以儿童在幼小柔嫩的阶段接受这样的陶冶，原有的天赋和个体差异就都会被忽视，而且天性抹去的同时就是规矩成型的时刻，你要把它塑成什么，他就会是什么。儿童在这样的教育下最终沦为一个复制和模仿成人的阴影。

儿童无论是其固有的所谓天赋，还是在教育过程中生成的其他东西，都是那个成人所希望的虚无缥缈的目的所不需要的。

---

[1] 德勒兹、加塔利：《资本主义与精神分裂：千高原》第2卷，姜宇辉译，上海书店出版社2010年版，第100页。

西班牙动画短片《Alike》（相似）让我印象深刻。这个短片把孩子的童心如何消逝，如何成为无趣的大人的情节刻画得非常精彩。我先介绍一下前面的情节。

清晨，爸爸正如同我们所有的家长一样，帮助儿子整理书包，书包看上去很小，但却被不断地往里面放各种课本。小小的书包与如山的课本形成了鲜明的对比。爸爸装书的时候，儿子在一旁跑跑跳跳，张开双臂像一只小鹰扑向爸爸的怀抱，却不承想被突如其来的书包压倒在地上。小小的书包与装不完的书本，开始了父子一天的生活。小家伙虽然被书包压得趔趔趄趄，但能和爸爸一起走在上学的路上，还是很幸福的。他充满朝气和活力地跑向爸爸，也对新的一天充满了无比的期待。然而灰白的外部世界注定了灰白的一天。在整座城市里每个人看起来都是惨白、毫无生气，甚至没有情绪。死气沉沉的氛围犹如一个没有生命的机器，而每个人恰如相似的毫无个性的螺丝在其中被动地运转着。然而在这灰白单调的世界中，却突然出现了一片"绿洲"，一片绿地，红色的枫树下一个与众不同的年轻人拉小提琴，奏出优雅的乐章。颜色的对比和充满生气的画面看起来美极了。儿子被眼前的这个场景深深地吸引，他兴奋地冲到拉琴人面前，甚至模仿起来。而此时，爸爸却把沉重的书包递过去，眼神中暗示着"学校才是你该去的地方，这个拉小提琴追求梦想的人不过是被社会抛弃的异类。"儿子虽然不情愿，但也不得不接过书包，二人各自去了学校和公司。在学校，老师布置了抄写字母的任务，儿子却在本子上画起了路上见到的拉琴人，五彩的颜色和生动的画面，他期待着老师的夸奖，然而充满童趣画作却被老师无情地拒绝和厌弃。老师指着字母暗示着"这才是你该学习的东西。"就这样我们看到了学校的教育，就是刻板的、被无差别地教导。而在公司的爸爸，面对堆积如山的文件，心情也是顿时跌落谷底，原本身上鲜活的蓝色也消失不见了。他麻木地重复着，更如同流水线上的一个零件，他原来也许有过追求、有过梦想、也有过痛苦的挣扎，但最终个性被磨平棱角，认同了这个世界、整个人被整齐划一地融入这个世界。

我在 2018 年出版的《无聊之在》中"无聊的工作"部分也描述和分析了类似的情况。我指出：理性化进程导致的自动化程度不断提升的同时，也让人们陷入了重复的、单调的、枯燥的工作中。而这种重复、单调和心理的饱和就是无聊更加凸显的原因。同时机械化程度的提高，人与人之间的联系性逐渐下降，社会的各个部门都合理化，系统化，局部化，整个社会都是理性化的结构，形式上的局部规律。职能被拆开，不是一个统一体，每一部分各行其职。社会就是局部特殊规律的形式上的封闭系统。这种人与人之间的隔膜、孤离、冷漠、人与人之间统一和有机性的丧失，人与人之间情感交往的断裂，更增加了无聊感。[①]

  接着这个短片讲，傍晚，等到下班的时间一到，爸爸便放下手上的工作。也许见面是他们一天唯一的期待。父子俩见到时彼此都十分激动，在儿子奔到爸爸的那一刻，爸爸又找回了属于自己的蓝色。然而当他看到儿子在学校"不务正业"作画，瞬间皱起了眉头。本来噘着小嘴等待表扬的儿子，察觉到父亲表情的变化，脸上也挂满了委屈、失落。第二天又是一个重复相似的一天。在学校，儿子依旧没有按照老师的要求抄写字母，他的字母有颜色、有动感、还很调皮，但不同的是，还没等老师开口，儿子就自觉地拿起一张纸，按照规定重写了

[①] 参见李昕桐：《无聊之在——对无聊的存在论阐释》，东方出版社 2019 年版，第 47—50 页。

相互传染困惑的虹鱼

起来。放学后,儿子见到爸爸也没那么激动了。而此时我们发现,儿子身上原来的黄色也渐渐变淡,面对颜色越来越惨白的儿子,爸爸也更是失去了蓝色。日复一日,孩子虽然还会对那拉着小提琴的追梦人充满好奇,却被父亲一次次无情地拉走,送去毫无个性的"工厂学校"中。孩子身上的好奇、希望、个性、潜能、创造力都被成人无情地磨灭了。小家伙从失落到慢慢屈服了,他仍然像小鹰般张开翅膀,迎接的却不是自由,不是父亲的怀抱,而是如枷锁一般沉重的书包。当孩子麻木地以飞翔的姿态接过书包,当他以毫无创意的写法描摹出ABCDE时,真正属于儿童的教育没有了,取而代之的是"监狱"般的教育。成人以为他们胜利、他们是正确的,只是他们谁也没有察觉,谁也没有在意,原本儿童的天真和自我感受这个世界的能力在一点点

宝宝瑞的绘画作品

地被扼杀。……

在这个短片里，各种颜色也蕴含着丰富的意义：譬如小提琴家的颜色是红色，象征热情、浪漫、理想；父亲的颜色是蓝色，代表冷静、理智、保守；孩子的颜色是黄色，充满温暖、明亮、生机；书包的颜色是绿色，让人不禁想到幼苗，而大量的书籍与知识塞进柔小的书包里，许有"揠苗助长"之意。红黄蓝是颜色最初形态，就像每个人都有属于自己的"本色"，当我们了解和认识自己的"本色"，组成的社群才能够让世界丰富多彩；同样，红绿蓝是光的三原色，就像家长、教育、艺术的结合，让孩子了解自己，找到自己的闪光点。

通过这个短片前面的情节，我们可以看到这就是由成人文化中不断抽象出来的需求和标准的缩影。这个原本可爱富有朝气的儿子被抽象为整个成人世界体系中毫无色彩的像素点，这个男孩就是这个时代中无数儿童的缩影。儿童的幻想、天赋、创造、个性、独特性……，最终都会被"收编"为整个成人抽象体系的一部分。那些被制造出的"需求"——按照规定学习、将来考名校、赚大钱——就是将儿童视为无差别的、物化的、"单向度"的人。这就是马克思、卢卡奇和整个法兰克福学派所批判的异化（物化）问题：原本是为了儿童成长的教育，但这种教育却控制了儿童、限制了儿童。

我在《无聊之在》这本书的"无聊的学习"部分，也探讨了这个问题，我认为"监狱般"的教育压抑了学生理解、思考和创造的能力。在现代性的社会背景下，人被异化，一切以金钱为衡量的尺度。学生被灌输"考名校"、"出人头地"、"挣大钱"……所以学习也成为了人达到目的的手段，是为了将来获得更大的财富和社会威望。学习被异化，琴棋书画都不再是贵族化的文明了，而是变成"自我增值"的筹码。在这样的思想指导下，学生学习不是为了获取知识,不是丰富自我,不是实现自我价值,而是为了将来以此获得更大的物质利益。所以学生学习缺乏主动性,缺乏应有的兴趣,学生学习死记硬背、机械记忆、题海战术。……学生变得麻木、感到学习无聊、失去了学生的天性,被学生的创造性和灵性压抑了。在这样的教育下,理解、思考、讨论被沦落为架空的乌托邦,丧失了思考"人生""自由""解放""创造"的能力……这些原是作为人本身应该理解的、更有意义的、更有价值的东西。这一切让学生的无聊表现更为突出。在以科学技术不断发展和大众传媒不断丰富为背景的现代社会,占主导地位的却是重占有的生存方式。重占有的生存方式的基本价值取向是对现存的存在物(包括物质的、精神的存在和人本身)的占有,而不是基于人的生命活动的创造或自我创造。这就是异化结构在人的生存机构中的内化和深化,消解了人的主体性和创造性。也就是在这样的背景下,无聊如囚笼一般。学校虽然不是监狱,学生也不是囚犯,但有无聊的教学、无聊的课程、无聊的扩展。学生厌恶读书,觉得学习无乐趣。学生得不到健康的思想引导,想要表现自身独特的能力和创造力、展现他的才能、他的天赋。他们的愿望不是来不及形成,就是刚刚萌芽就被压抑了;他们毫无反抗能力,麻木地被社会推动着。孩子本应具有的自我更新、饱满的热情、追求自由和爱、冲破桎梏、懂得奉献和分享,充分发展自身、积极参与活动、形成批判的思维,发展自己的创造力和超越性的想象力的天性被"监狱"般的教育消磨殆尽,成了和他们父辈一样的现代性的牺牲品。[①]

我又想起马拉古齐的一首诗《其实有一百》:

[①] 参见李昕桐:《无聊之在——对无聊的存在论阐释》,东方出版社2019年版,第50—52页。

孩子，是由一百组成的，

孩子有，

一百种语言，

一百只手，

一百个念头，

一百种思考方式、

游戏方式及说话方式；

还有一百种……

孩子有一百种语言（一百一百再一百），

但被偷去九十九种……。

从这首诗我们可以看到儿童原本的特质——自己能认识、思考、发现、发明、幻想和表达、拥有无限的潜力——被成人压制了。成人偷走了儿童的"九十九种"可能，让儿童栩栩如生的生命变成了整齐划一的单色调。

所以在这样的情况下，标准答案就是程式化教育追求升华出的唯一东西。可以说我们教育内容总是会在最后有一个"中心思想"，即所谓的"升华"，为的就是将其纳入某一先前预设好的层级式知识或能力体系中。这样问题的答案是预先被设计好的、标准的。那么即使儿童最初有了自己的千万种答案，最后也都只能被"引导"到一种既成的标准答案。我们可以把这种教育称之为"同一性的教育"或者"标准教育"，即标准的塑造、标准答案的给定。这样的标准答案毫无开放性，那么儿童在这样的制约中也毫无生成性和多元性可言。思维被定性、创造力和多种可能性、差异性被剔除了，使儿童再无思想空间去提问和追问。儿童的世界好像答题卡上的圆点，只有黑白区分，只有对错区分。这种标准化忽视了儿童自身的思维特点。

而且在儿童教育中，儿童许多的"特长"也都只是服务于某种宏大的

"主题",就像我在前面所讲的,琴棋书画都成了自我增值的筹码,或者是教师和家长的"理想"。而对儿童认知方面的发展,也以知识获得的数量和质量作为评定儿童的标准(量化),强调结果形成一种学习取向的教育价值观。例如绘画活动中,不注重绘画表达思维与情感的目的,而倾向于让儿童掌握相关绘画技巧。画作的内容也更接近于现实、力求贴近于现实事物本来面目的作品,而缺乏创新和想象力。在实际的绘画过程中,儿童越来越不关注自己的内心体验,只是机械地"复制",致使许多儿童的作品千篇一律,毫无生命感可言。这种教育价值观事实上就是成人文化对儿童内在精神的限制与压抑,它未曾关注到儿童的真实需要与主观体验,使得儿童内在的敏锐的感受欲望和直觉性被挤压殆尽。

马克思讲人与动物最大的差别就是人能自由自觉地活动。在我看来人的主体性是张扬的,人的本质也是不断生成的,尤其对于儿童教育,我们不能用任何东西来限定儿童。德勒兹就曾对将儿童视为固定不变的"本质"和"主体"的倾向有所批判。他认为儿童的特质是:潜在性、力量性与生成性,而在传统的儿童教育中,忽视儿童个体的异质性,儿童的主体被僵化。所以他主张用开放的流动关系或联结来取代被预先确定的主体,这样才能打破主体的僵化。在他看来,当教育的任务是塑造某种固定的"ＸＸ主体"时,便已经将儿童固定在了没有自由的牢笼中,变成了某种不受儿童自己支配的被生成的事物。而且在德勒兹看来,传统的儿童教育存在"线性的因果观",即由某一个原因必然产生单一的结果。什么意思呢?这就好比一棵"树",由一个确定的根部(本质)出发,便可得出同一种果实(结论)。譬如在学校,老师放舒缓的音乐、自然的风光,就认为所有儿童一定会在其中感受到同一的、类似的"自然之美";或者读一本寓言故事,讲述善恶,那么所有儿童的感想也都应该是一样的。这就是"因果链条"式的思维。而用这样的思维来指导儿童的活动,儿童就会变成如工厂生产出来的产品,一模一样。实际上儿童自身是非常复杂的,每个儿童都有独特的特质，由不同的经验体验而形成。譬如DNA的遗传影响、原生家庭的教育、个体生活环境的变化、偶然性特殊性等因素的干预，以及儿童内在发展的动因，等等，使得每个儿童都是独一无二的。而如果以这样的思维方式——线性因果链条——教育儿童，那么从儿童到成人的社会化、"功能化"则是由一个预先设计好的功能分配作为原因来引导，而在德勒兹看来，事实上根本不存在这样一个特定的因。

如果按线性的因果关系为依据，将知识或者教育内容放置在这样一种固定的、系统的、结构化、组织化的体系中，即纳入同一种等级秩序中来区分不同层的对象，那么必然导致教育内容的固定化和核心化，必然按照这样的"核心"安排教育内容，即对知识、课程按照层级、指标规划，那么最终导致"一体化"、"统一化"，最终的牺牲就是儿童差异特征。而且因果链条以时间的先后作为依据，认为成长是线性的，随着时间的推移从幼稚走向成熟，那也势必会认为儿童是幼稚的，成人是成熟的固定观念，而在前面我们分析的儿童的哲学天赋——"儿童是天生的哲学家"以及儿童具有原生动力都向我们昭示：所谓的"未成熟状态"在程度上更具有面向未来的生成性的力量。而机械的因果链条造成了对人生长的静态的观点，因果、二元对立只承认当下时刻的一个方向和状态，是时间中绝对唯一的当下。而且恰恰儿童处于自身内在的"未成熟状态"，使得其自身的力量向外部未知的环境"扩张"，进而也不断地生成自身，创造无穷的意义。

第二节 儿童哲学教育对成人的启示

从第二部分我与宝宝瑞的对话——在实践中包括日常对话、阅读后的讨论——我观察他对事物的判断能力、理解事物的角度、广度、深度……，因此感受到了儿童身上所蕴藏的天生做哲学的潜力。所以我们必须正视一件事：对儿童进行哲学教育的意义是非常深远的。在我看来，只有对儿童进行哲学教育，才不会磨灭儿童的天性，才能让儿童呈现出完整的、纯粹的、真正的自我。传统的儿童教育让儿童"闭上了眼睛"、"关闭了心门"，儿童心中的宝藏被淹没海底，所以我强烈主张重新挖掘这些宝藏，趁着儿童在"可塑性"最强的时候，把他们的内在力量激活，把哲学思维延展开来。一个民族如果没有哲学，是可悲的，而儿童早期的哲学思考会影响他们一生。成人应该重视儿童哲学并创造条件促进儿童哲学的产生与发展。儿童哲学教育的本质不能被异化，不能扼杀儿童的困惑和精神世界的探索。"求知是人类的天性。"[①] 儿童教育必须引起重视，人应从儿童时期就开始接受哲学教育，注重哲学思维的养成，即保持质疑、追问、批判特质的延续。

那么在这里需要我们成人深入思考的是：

第一，成人应该重视儿童哲学，并创造条件促进儿童哲学的产生与发展。儿童哲学启蒙意义深远，那么如何进行儿童哲学启蒙呢？是单纯的学校教育，还是家庭哲学教育与学校哲学教育相结合？在什么阶段对儿童进行哲学启蒙教育更恰当？学校的儿童哲学教育采取什么方式更适合？儿童哲学教育是以传授哲学知识为主，还是以培养哲学思维为核心？以及儿童哲学教育与教学之间究竟具有怎样的内在关联？在不同学科渗透儿童哲学教育的过程中，应该追求什么样的价值？以什么样的评价标准作为衡量儿童哲学教育的贯彻？这些问题都是需要成人认真和慎重思考的。

第二，儿童哲学教育需要成人的参与、观察和引导。儿童哲学教育的基础是成人对儿童充分地了解和认识。成人必须通过观察、倾听逐步走进儿童的精神世界，与此同时对儿童鼓励、支持、引导也是极为重要的。只有切身地观察和体会儿童的思想世界，才能呈现儿童的思维过程，才能发

---

① 参见［古希腊］亚里士多德：《形而上学》，吴寿彭译，商务印书馆1993年版。

现令成人惊讶的儿童世界。儿童哲学教育的使命是尊崇和保护儿童的天性、解放儿童，相信儿童就是天生的哲学家。尊重儿童，抛弃只沉浸在成人自己预设的世界里、追求成人化的完美，而忽视儿童本身的视角。对待儿童的"惊奇"，成人要给予重视并持续关注，不能轻视儿童的提问和儿童天真的解答。在我看来"No stupid question"（没有傻问题），只有没问题。而且对于儿童的疑惑、惊奇和提问，既可以与之一起解决，也可以放手让儿童们自己去探索。重要的是，成人要为儿童提供一个宽松、民主的思考环境。

第三，成人不能以学习成绩作为衡量儿童的唯一标准。儿童的精神世界是丰富的和富有创造性的，他们原初的思想特质，即生命冲动力和原始思维决定了他们的差异性、多元性和多重性。所以成人不能单纯以学习成绩这些客观数字作为标准来衡量儿童。

第四，摒弃传统教育，张扬儿童的主体地位。在传统教育中，成人将儿童置于自己的附属品，压抑儿童的主体个性。而实际上儿童是具有主体意识、内心需要不断发展变化的独立生命个体。所以成人面对这样的生命，不仅仅是需要物质上的呵护，更需要给予精神上的支持，使他们独立的自我意识需求得到充分的认可。

第五，成人要避免过分强调对儿童思维训练的功利目的。对于我们的儿童教育，我们不是传授哲学知识，而是要培养哲学思维方法。即使需要教，也不能仅仅是从外向内地灌输，而是应从内向外地发展。这也类似于苏格拉底的"助产术"，即通过启发，比喻等方式，帮助儿童说出蕴藏在他自己头脑里的思想，进而考察其真伪。当然，即便抛弃了传统定性思维的传授方式，也不能将儿童的思维训练作为功利目的。

这里我认为值得借鉴的是以"走进儿童心灵"为核心的瑞吉欧方案教学法。瑞吉欧的教育推崇"理解儿童"的教育理念，认为理解和尊重儿童的天性、权利和能力是儿童教育最关键的因素。他们还认为也只有儿童的天性、权利和能力被尊重，才能有相符合的教育出现。瑞吉欧的教育重视儿童思想的自主内化，相信儿童能够通过自己的生活体验认识、思考、发现、幻想和表达世界，并有能力成为自我成长过程中的导演和主角。譬如儿童能够通过与他人对话、互动，来观察和认识人与人的关系、事物与事物之间的关系，并从中界定自己，而且据此找到自己的定位，以此获得独立性、完整性与满足感。而且瑞吉欧教育还非常重视儿童的提问并尊重儿童解决问题的能力。譬如他们设定具体的教学方案：由儿童或者教师提出一个问题，然后把这个问题展开，寻找解决的方案。儿童可以自己解决，也可以小组合作……儿童自己思考并解决，而教师只是协助而已。总之，在问题的解决过程中，儿童的天性得到充分的发挥，探索的欲望和精神被无限地激发。

第三节　儿童哲学教育的目标设定

在"儿童是天生的哲学家"中我分析了儿童的特质是问题缘（提问）、问题续（追问）和游戏式的生活方式，以及这些特质背后的原因：即内在力量的创生性、原始思维，以及未受社会化"塑造"，等等。那么儿童哲学教育就要尽可能地让儿童发挥和保持这些特性。所以我提出要设定儿童哲学教育的目标，譬如

·激发儿童探索和好奇心的冲动
·鼓励儿童提问
·培养儿童追问的态度
·扩大儿童的想象力
·激发儿童的创造性思维

- 让儿童学会整合不同的观点和主题
- 提高儿童的反思能力
- 在哲学对话中促进儿童的会话能力
- 让儿童学会差异和多样性的处理
- 让儿童不受评分的约束
- 让儿童学会处理开放性的、有争议的问题
- 让儿童学会接受多样性和个性，建立多元化的态度
- 培养儿童的自尊心和自信心
- 让儿童学会找到自己的心理和生存倾向
- 引导儿童关注现实问题
- 促进儿童更精确的和差异化的感知能力
- 鼓励儿童建立质疑和批判的态度
- 培养儿童应对多样性的能力
- 培养儿童保持开放和好奇的态度
- 鼓励儿童的同理心和自信心
- 让儿童懂得异质性也是机遇和丰富的条件
- 让儿童学会建立自己的观点
- 让儿童学会澄清和表达自己的思想
- 培养儿童的交流能力，学会倾听和回应
- 让儿童意识到建立自己的思想的重要性
- 鼓励儿童自信地面对生活中的挑战
- 让儿童学会在阅读中思考
- 让儿童学会独立的反思能力
- 培养儿童的逻辑思维和推理能力
- 让儿童学会如何讨论问题，譬如学会苏格拉底的方式

这些目标比较零散，那么我将这些细化的目标综合起来总结为三个大点：释放儿童的生命活力，保护幼儿的哲学天性；培养儿童形成批判性、逻辑性、创造性的哲学思维（培养儿童的逻辑思维能力；培养儿童哲学对话的能力；培养儿童创造性思维的能力；培养儿童批判性思维的能力）；促进儿童自我价值感、自信心、自我意识的积极发展，帮助儿童主动寻找生活的意义。

第一，释放儿童的生命活力，保护儿童的哲学天性。

儿童是天生的哲学家，儿童天生具有的特质，譬如提问、疑惑、追问、批判，等等，不应该被泯灭。他们天生对一切周围的环境充满好奇，对世界上万事万物感到惊异，他们会质疑成人自以为日常生活中司空见惯的事物和现象。他们对事物提出根本性的质疑，接着就会按照自己的方式寻找解决的途径。他们内在的生命冲动和欲望促使他们主动地探索。所以成人要尊重儿童的思考、鼓励儿童不断地追求智慧，引导他们对宇宙和人生进行深刻地思考。儿童的好奇与成人对事物的疑惑有着本质上的区别。成人的质疑具有普遍性，能够持续很久。而儿童的好奇如果得不到保护，就会很快消失。即随着年龄和阅历的增长，那种天生的好奇可能会因此而减弱甚至消失。这也是我前面提到的，大约七岁以后儿童就不那么愿意提问题了。所以就儿童天生好奇提问的特点，成人应该以此为立足点挖掘儿童多元性的内在潜能。首先，成人应该为儿童提供一个自由、开放和宽松的思考环境；其次，成人应该帮助儿童学会独立思考，以及思考思维本身；再次，成人应该引导儿童主动解决问题，提出解决方案，或者通过实践找出解决问题的策略；最后，成人应该通过对话等方式提升儿童的思维技巧。这也是李普曼在《教室里的哲学》一书中对儿童哲学教育提出的主要目标。总之，成人要为儿童提供可以让其对哲学探究进行充分体验的环境，在其中儿童可以充分思考，并能引导儿童形成思维判断解决的独立性。所以要保护儿童的哲学天性，尊重并鼓励儿童的思维和多样化发展，让儿童能够持续地保持对事物的好奇和敏锐，保持对真理追求的持之以恒的态度，让儿童逐步形成哲学式的思考方式。那么即便他们长大了，这些特质仍然会作为内化的气质保留并呈现出来。

同时，儿童天生被赋予创造和不断自我超越发展的本性。所以教育本身要最大限度地保证儿童的自主创造能力，激发他们的兴趣，将发展的主动权交给儿童，为其创造性的发展提供必要的保障条件。让他们的主体意识得到充分发挥，让他们在自主探索与学习中构建知识经验，使其生命力得到充分释放与表达。而且教育需要还给儿童自由，给予儿童充分自由表达的空间，让他们自己感受、自己观察、自己体悟，自己做出选择。可以说儿童哲学教育的过程就是儿童自我认知和情感的体验过程。这样，儿童才能在认识世界和探索世界的过程中认识自我，不断发展，真正体验到生命的美好。

第二，培养儿童形成批判性、逻辑性、思辨性、创造性（思考技巧）的哲学思维。

在我看来，一个国家最强大的核心软件就是哲学思维。这种哲学思维就是具备逻辑性、批判性、思辨性、创造性的思维。这是一个民族崛起、发展，以及持续性发展的内在基础。虽然儿童天生就具有的哲学特质，但哲学思维的养成还需要锻炼，即逻辑性、批判性、思辨性、创造性的哲学思维需要培养。杜威认为，"每个人都可以学会思考，儿童的智慧来自于儿童的自然成长，而教师所能做的就是知道做什么来滋养和激发这种自然能力。"[①] 所以只有经过儿童哲学教育，对儿童进行思维训练，儿童才能慢慢地在天赋好问的基础上学会独立思考，形成集逻辑论证、批判精神、理

---

① [美]约翰·杜威：《我们如何思考》，伍中友译，新华出版社2010年版。

性情商于一体的能力，最终踏上智慧之路。儿童哲学家李普曼就将教育的目标定位于帮助儿童学会思维。

儿童哲学教育不能以传授哲学知识为目的，譬如不能传授哲学史中哲学家们对概念、范畴的界定含义，也不能纯粹地通过概念范畴的方式讨论诸如"思维与存在"、"灵魂与身体"、"感性与理性"、"知识的起源与界限"等形而上学、知识论与逻辑学之类的问题域，而是要一方面通过与儿童对话达到与儿童共同思考探索世界，即共同"做哲学"的目的；另一方面在探讨的过程中渗透和培养儿童的思维方式——哲学思维，包括逻辑、抽象的思维能力和思维技巧。最重要的就是培养儿童对智慧的自由探求精神，使其在未来的人生中保持学会独立思考和不受任何干扰的独立判断能力。所以说儿童哲学教育就是针对儿童特质对儿童进行思维训练的，以探索智慧为目的的哲学启蒙活动。这种哲学教育或者说哲学启蒙活动就是使儿童"哲学化"，使儿童学会像哲学家那样深度思考；使儿童学会质疑日常看似习以为常的知识，学会对既定事物进行前提性反思，从日常思维转向反思性思维，从常规思维转向批判性思维。

下面我根据李普曼的儿童哲学教育思想将儿童哲学教育的目标具体化：培养儿童的逻辑思维能力；培养儿童哲学对话的能力；培养儿童创造性思维的能力；培养儿童批判性思维的能力。

首先，培养儿童的逻辑思维能力。

儿童虽然具备哲学家的天性，即问题缘和问题续（好问和追问）的天性，但他们的思考往往是不具备逻辑性的，只是一种直觉的反应，缺乏理性，甚至还会有出现逻辑错误。所以成人需要对其进行引导，通过训练培养儿童初步的逻辑思考能力，让儿童学会在探究的过程中，通过逻辑思维推理使他自己对问题杂乱无章的解释得到明晰。

其次，培养儿童哲学对话能力。

尽管儿童是天生的哲学家，但他们却没有天生具备讨论问题的能力。

譬如哲学对话的过程是复杂的，而且哲学对话的目的并不是击败对方，而是通过对话澄明一些问题，追求真理。所以这其中需要具备很多素养。它不仅仅包含争辩的技巧，譬如积极发表自己的观点，为自己的观点做出严密的逻辑推理，找出对方的逻辑漏洞，更包含倾听、配合、激发、信任等元素。在倾听的过程中尊重对方的观点，学会站在他人的视角看问题，具有同情心和宽容心，并且能够坦然接受他人对自己的质疑。

再次，培养儿童的创造性思维能力。

卓越的思维一定是富有想象力和创造性的，所以儿童的思维训练强调对创造性思维的培养。李普曼在《教室里的哲学》一书中就明确地将发展儿童创造力思维作为儿童哲学的教学目标。而且他认为，逻辑思考能力与创造力相辅相成，创造性活动可以促进逻辑思考，而逻辑思考能力亦能促进创造力的发展，即训练儿童的逻辑推理能力必然能同时培育儿童的创造力。

最后，培养儿童的批判性思维能力。

批判性思维是一个人在对待事物处理时表现出来的探究精神、开放的心智、不盲从权威和自我反思意识的特质。儿童批判性思维是各项思考力的核心与基础，批判性思维的养成也是儿童哲学教育的重点。批判性思维的养成不是一蹴而就的，而是一个螺旋式上升的过程。所以在儿童阶段，批判性思维应该以培育"意识"、养成习惯为主，技巧的深浅并不是硬性的规定。对于儿童批判性思维的培养，其目标就是将德育与智育结合，即理性和开放性为核心的理智美德和思维能力的结合。批判性思维的德育部分是关于认知和行为的批判理性精神和品德的教育。它包括谦虚、谨慎、客观、具体、公正、反省、开放等指标。而批判性思维的智育部分是关于辨别、分析、判断和发展的高阶思维技能。一些思维技巧可以在儿童后来的学习阶段中获得，但是习性和品德的培养，需要在孩子的基础教育阶段打下根基，儿童阶段的培养是尤为重要的。

第三，促进儿童自我价值感、自信心、自我意识的积极发展，帮助儿童主动寻找生命和生活的意义。

教育的本质就是发现生活的意义，人正是在意义追寻中不断超越现实的规定，走向现实的本质。生命的意义不是来自于成人的描述和灌输，它一定是在儿童自我的生命体验中思考获得的。而儿童哲学教育恰恰是让儿童在生活体验中反思，使其学会对意义的追寻，回归于真实的存在。让儿童在体验生活的过程中充分地展现生命力量，充分地感受生命的意义和愉悦，充分地感受自己。儿童在成长过程中对富有意义的生活有所体悟，对后来人生价值的界定和幸福追求都是有影响的。譬如宝宝瑞对幸福的定义"幸福就是妈妈"，看似不严谨的概括，但把"幸福"理解为"亲情、爱"的感受已经酝酿在他的思维里。

宝宝瑞的绘画作品

这里我再把前面讲的故事《Alike》（相似）接上。

爸爸终于意识到只有让儿子找回真正的快乐，才能做回自己的本色。爸爸带着儿子来到绿地前，可惜小提琴家已经不见了，看着孩子失望的表情，爸爸突然灵机一动，去做了一件伟大的事：他自己站到绿地中央，放下公文包，假装声情并茂地拉起小提琴，丝毫不顾及路人异样的眼光。儿子高兴得丢下书包，再一次展开双臂，飞向爸爸。孩子脸上洋溢着幸福的笑容，而此时爸爸身上的颜色变成了属于自己原本的蓝色。

第五章　儿童哲学教育的意义
——哲学化是儿童综合素质培养的灵魂

儿童哲学化对儿童综合素质的提高起着决定性的作用。因为"哲学素养"（具备哲学的反思性、追问性、批判性）是作为灵魂、作为最基本的动力因素内化到人的综合能力之中的。

前文我们分析了儿童是天生的哲学家，对儿童的哲学天性我们不能压抑。儿童早期的哲学教育会影响他们的综合素质。那么在这一章我想通过几个动态模型和图表（"才能模型"、"人才模型"、"综合素质模型"、"儿童哲学的目标与才能提升的目标一致性"图表）来论证儿童哲学教育的意义，即儿童哲学培养对于他们综合素质的提高有着至关重要的作用。这里的"儿童哲学教育"指的是按照哲学原则的教育，它是在教育中通过哲学方法的渗透或者说对儿童的培养是依据哲学精神来实施的，我们也可以称之为"儿童哲学化"。

这里还要明确一个概念的"综合素质"（综合才能、综合能力）。"才能"是一种能力，它是人们在各种领域中有突出成就的前提。这个前提能给人提供一个基础，对一项有要求的任务会有很高的成功机会。这种能力可以通过促进而提高。"才能"不仅仅是智力能力，还包含自我表达的能力、独特的见解能力、评价的能力和竞争的能力、反思自己思想和观点的能力，以及在逆境中承受挫折的能力。

第一节　儿童哲学教育对于人才培养的影响

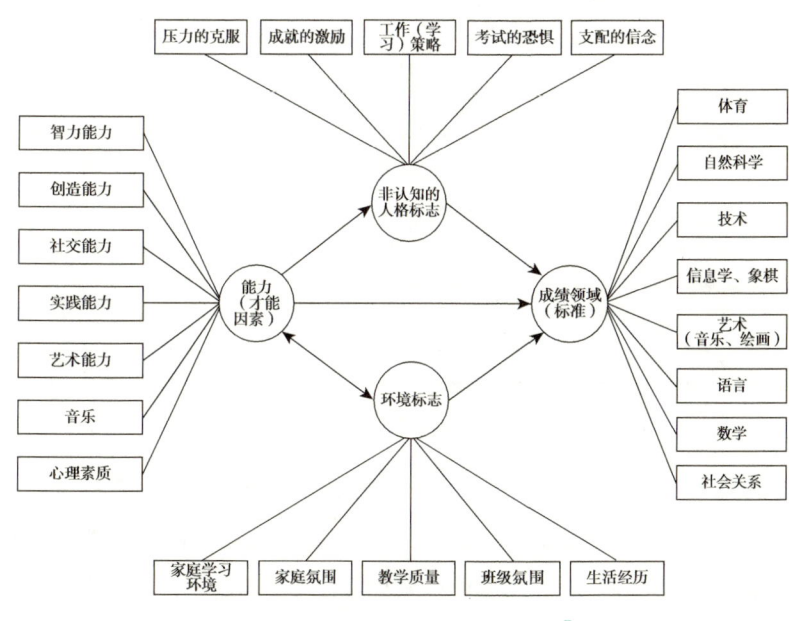

图 5-1　才能模型（Heller 和 Hany）①

在这两个动态模型中虽然没有直接提到儿童哲学，但哲学作为人的核心精神是隐形存在于各种能力领域的，其潜能是在慢慢地展开中体现出来的。譬如第一个"动态的才能模型"中的"能力因素"所包含的智力能力、创造能力、社交能力、社会能力、精神运动等都内含着"哲学素养"，即具备哲学的反思性、追问性、批判性，才能深入到各种领域，并成为最基本

---

①　参见 Karin Auzinger "Philosophieren mit Kinder als Unterrichtsprinzip", Master Thesis, 2010 Krems.

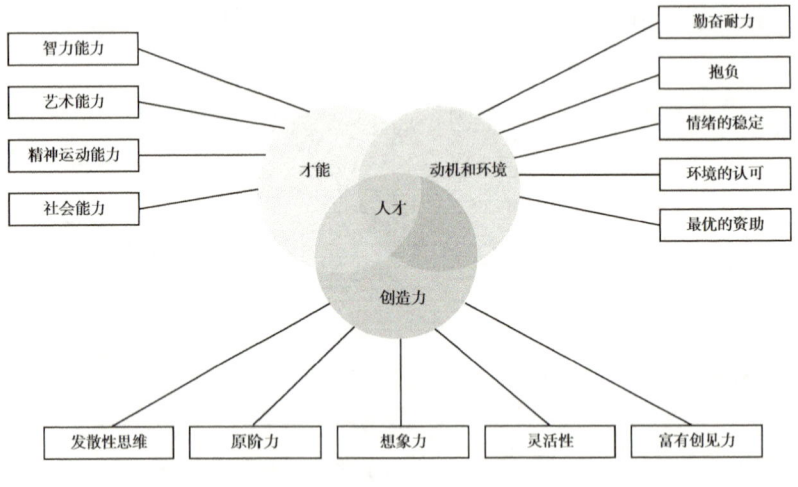

图 5-2 因素模型（Wieczerkow）

的动力因素活跃其中和促进其发展，而能力的高低又作为"成绩领域的标准"，也就是哲学素养的培养有利于各种能力的提高，而能力的提高对于各种成绩领域也起着奠基作用。再譬如第二个"动态的人才模型"，这个模型是第一个模型的扩展，这其中的"人才"由才能、创造力和环境因素三部分组成。"才能"部分我们已经分析过了，现在我们再来看"创造力"部分，可以说"创造力"所包含的发散性思维、原创力、想象力、灵活性和创见力等元素的核心内涵都隐含着"哲学"因素，或者说这些因素的养成都发源于哲学思维。而"动机"中包含的抱负、情绪等因素也或多或少跟哲学中的"自我意识"培养有着紧密的关系。

下面我就通过"儿童哲学目标与综合才能（综合素质）促进目标一致性"的图表来论证人的综合素质与哲学素养的关系，即"哲学素养"（具备哲学的反思性、追问性、批判性）作为灵魂、作为最基本的动力因素内化到综合能力之中，儿童哲学化对综合素质的提高起着决定性的作用。

首先通过比较两者的目标策略，旨在说明两者的基本思想和目标存在着一致性。

表 5-1　儿童哲学目标——（人才培养）才能提升目标细化图表

人才培养的目标	儿童哲学的目标
·目标完成决心的促进	·鉴于世界的矛盾情绪，鼓励儿童自信地应对生活中的挑战而不会陷入相对主义。（生命自我意识的挑战）
·思维的激发	·各种思维运动和解释可能性的开辟 ·通过幻想之旅和思想实验激发创造性思维 ·新思维方式的展示 ·逻辑思维和推理 ·对自己独立的和批判性思维进行培养 ·独立和网状性（交织）的思考 ·思维流动性的促进
·元认知知识和思想训练的建立	·介绍和总结的意识能力 ·学习认识人际关系 ·逻辑和论证思维的训练 ·分析和综合思维能力的培养 ·合作思维，即反思他人观点能力的建立
·沟通技巧的提升	·儿童的会话能力的促进 ·观点的建立、替代和质疑 ·假设的建构 ·思想的澄清和表达 ·对自己和其他人思想的体验
·通过复杂的多层面的主题和问题对创造性、原创解决方案的激发	·在共同研究中发现事物，提出与他人交流的问题，并找到解决方案 ·可能的解决方案和可替代的思维模型的开发
·鼓励不同知识领域的联系	·关系的认识 ·不同观点和主题的整合 ·跨学科的关系的认识 ·对其他专业影响的反思

续表

人才培养的目标	儿童哲学的目标
·知识领域的探索和综合	·培养进一步发问的态度 ·专业技术学习的丰富和深化
·对获取特定领域知识的有用方法	·不同观点和主题的整合 ·从不同视角对主题的考虑
·为自己与他人打交道的能力提供发展空间	·为差异化和多元化做出贡献 ·自我——入口（内化） ·为对他人开放和好奇的态度创造条件 ·增强建设性、应对多样性的能力 ·促进相互尊重、开放和包容的情感 ·对培养世界文化的同理心和自信心的鼓励 ·对不同成见的重视 ·尊重和宽容的前提创造
·价值和目标导向	·同理心、价值意识和自信意识的培养 ·导向辅助的提供 ·评估和加权竞争价值标准的制定 ·可持续的认知、情感取向和社会取向的创建 ·认知、情感和社交能力的培养
·所有设施和资源实现的可能性	·对爱好和兴趣的尊重
·与他人打交道，使他自己能够发现并实现自己的才能 ·兴趣和才能多样性的观察和促进 ·潜力的认识和促进	·认识到具有特殊才能的儿童的独特性 ·个人支持 ·机会均等地实现 ·鼓励个人技能和才能 ·技能的处理和加强
·多样化人才的感知	·发现自己的技能
·自我概念的促进	·制定促进"技能"和"能力"的方法和策略（跨文化交流，假设性，类比，分析和逻辑思维，反思能力，自我管理能力）
·自尊和自信的促进	·通过欣赏儿童的思想来提高他们的自尊心
·感官导向的促进	·指导孩子们找到自己的心理和生存取向 ·鉴于世界的矛盾情绪，鼓励在不陷入相对主义的情况下自信地应对生活中的挑战
·鼓励和挑战创造力	·鼓励创造力

续表

人才培养的目标	儿童哲学的目标
·发现"非凡"的趣味	·接受多样性和个性
·基本需求的关注	·尊重和宽容前提的建立 ·发展学习和生活空间，让儿童在学习和工作中感到安全，也受到鼓励 ·保持学习的兴趣、保持对学习的乐趣和渴望
·导向对"事实知识"原则、理论和概念理解	·给出机会，以一种更加差异化的方式对不同维度的世界进行感知和评价 ·学习对更大环境和相互依存关系的差异化进行思考和判断
对问题的分析以及对重复出现的主题、结构和解决方案的综合	·处理未解决的问题和有争议的问题。主题应该是开放性问题，而不是给定的或系统产生出来的答案 ·将各种信息以及术语，论点和观点分解为有意义的单元，以便它们可以用作扩展关系和关系的基本构建块 ·在创造性思维过程中将小单位组合成新的思想，论据和观点 ·感知，质疑和批判性地处理问题
·鼓励独立思考，论证和辩解	·促进反思 ·推理，表达和质疑意见 ·鼓励人们不要接受未反思的真理和知识 ·鼓励对信息的批判态度
·保持学习的乐趣和好奇心 ·一起发现和尝试新事物	·激发探索和好奇心的冲动 ·激发儿童的惊奇 ·点燃儿童对问题的质疑 ·保持学习的兴趣、快乐和渴望 ·展示已知识背后的奇怪事物，而不仅仅是教导可靠的知识
·提出新问题	·对"不言而喻"、"理所应当"结论的质疑
·拓宽视野	·创建尊重和宽容的前提 ·扩大儿童的思想领域和想象力

续表

人才培养的目标	儿童哲学的目标
·共同地分担责任	·鉴于世界的矛盾情绪，鼓励在不陷入相对主义的情况下自信地应对生活中的挑战 ·学习作决定并对自己的思想和行为负责 ·了解对社会的责任
·对个人责任感产生兴趣	·提倡儿童成为自力更生的人，并向他们提供帮助和建议，以帮助他们形成独立思考和成熟人格的素质 ·促进反思独立 ·独立能力的发展

从这个对应的图表中，我们可以看出儿童哲学的目标本身就是儿童综合素质培养的目标，哲学要素也分别对应着能力要素。

在前一部分我提出儿童哲学教育的目标：释放儿童的生命活力，保护儿童的哲学天性；培养儿童形成批判性、逻辑性、创造性（思考技巧）的哲学思维（培养儿童的逻辑思维能力；培养儿童哲学对话的能力；培养儿童创造性思维的能力；培养儿童批判性思维的能力）。所以说儿童哲学教育就是针对儿童特质的、对儿童进行思维训练的、以探索智慧为目的的哲学启蒙活动。这种哲学教育或者说哲学启蒙活动就是使儿童"哲学化"，使儿童学会像哲学家那样深度思考；使儿童学会质疑日常看似习以为常的知识，学会对既定事物的前提性反思，从日常思维转向反思性思维，从常规思维转向批判性思维；促进儿童自我价值感、自信心、自我意识的积极发展，帮助儿童主动寻找生活的意义。

第二节　儿童哲学教育对于综合素质培养的影响

下面我再通过一个综合图表展示儿童哲学化对综合素质培养的意义。

第五章 儿童哲学教育的意义

表5-2 综合图表：儿童哲学化对综合素质培养的意义

儿童哲学教育总目标	儿童哲学化对综合素质培养的意义	儿童哲学教育培养的具体目标
保护儿童的哲学天性	哲学素养中表现出的对事物的惊奇是儿童探索的内在动力。	·激发探索和好奇心的冲动 ·激发儿童的惊奇 ·培养儿童的怀疑精神 ·展示已知知识背后的奇怪事物，而不仅仅是教导可靠的知识 ·接受多样性和个性 ·建立尊重和宽容的前提 ·发展学习和生活空间，让儿童在学习和工作中感到安全，也受到鼓励 ·保持学习的兴趣、保持对学习的乐趣和渴望
培养儿童的哲学思维 ·培养儿童创造性思维的能力 ·培养儿童的逻辑思维能力 ·培养儿童批判性思维的能力	·哲学思维的养成对于儿童思维激发具有促进意义。	·各种思维运动和解释可能性的开辟 ·通过幻想之旅和思想实验激发创造性思维 ·新思维方式的展示 ·逻辑思维和推理 ·对自己独立的和批判性思维进行培养 ·独立和网状性（交织）的思考 ·思维流动性的促进 ·对"不言而喻"、"理所应当"结论的质疑 ·促进反思 ·推理，表达和质疑意见 ·鼓励人们不要接受未反思的真理和知识 ·鼓励对信息的批判态度
	·哲学思维的养成对于儿童元认知建立具有奠基意义。	·介绍和总结的意识能力 ·学习认识人际关系 ·逻辑和论证思维的训练 ·分析和综合思维能力的培养 ·合作思维，即反思他人观点能力的建立

续表

儿童哲学教育总目标	儿童哲学化对综合素质培养的意义	儿童哲学教育培养的具体目标
	·哲学的宽阔视野有利于儿童思想领域和想象力扩展。	·创建尊重和宽容的前提 ·扩大儿童的思想领域和想象力 ·鼓励创造力 ·在共同研究中发现事物，提出与他人交流的问题，并找到解决方案 ·可能的解决方案和可替代的思维模型的开发
	·哲学思维的培训对儿童多种才能发展具有积极意义。	·处理未解决的问题和有争议的问题。主题应该是开放性问题，而不是给定的或系统产生出来的答案。 ·将各种信息以及术语，论点和观点分解为有意义的单元，以便它们可以用作扩展关系和关系的基本构建块 ·在创造性思维过程中将小单位组合成新的思想，论据和观点 ·感知，质疑和批判性地处理问题 ·给出机会，以一种更加差异化的方式对不同维度的世界进行感知和评价 ·学习对更大环境和相互依存关系的差异化进行思考和判断
	·哲学思维的综合、分析和网状交织能力的建立对于儿童深层探索知识领域具有至关重要的意义。	·关系的认识 ·不同观点和主题的整合 ·跨学科的关系的认识 ·对其他专业影响的反思 ·从不同视角对主题的考虑 ·专业技术学习的丰富和深化
	·"认识你自己"让儿童能够发现并实现自己的潜质。	·发现自己的技能 ·认识到具有特殊才能的儿童独特性 ·机会均等地实现 ·鼓励个人技能和才能 ·技能的处理和加强 ·制定促进"技能"和"能力"的方法和策略，（跨文化交流，假设性，类比，分析和逻辑思维，反思能力，自我管理能力…）

第五章 儿童哲学教育的意义

续表

儿童哲学教育总目标	儿童哲学化对综合素质培养的意义	儿童哲学教育培养的具体目标
培养儿童哲学对话的能力	哲学对话有利于沟通技巧和沟通能力的提升。	·儿童的会话能力的促进 ·观点的建立、替代和质疑 ·假设的建构 ·思想的澄清和表达 ·对自己和其他人思想的体验 ·为差异化和多元化做出贡献 ·自我——入口（内化） ·为对他人开放和好奇的态度创造条件 ·增强建设性、应对多样性的能力 ·促进相互尊重、开放和包容的情感 ·对培养世界文化的同理心和自信心的鼓励 ·对不同成见的重视
促进儿童自我价值感、自信心、自我意识的积极发展，帮助儿童主动寻找生活的意义。	·自我意识的觉醒对于儿童自尊心和自信心建立具有指导的意义。 ·哲学素养的形成有利于培养儿童的个人及社会责任感。	·指导孩子们找到自己的心理和生存取向 ·鉴于世界的矛盾情绪，鼓励在不陷入相对主义的情况下自信地应对生活中的挑战。（生命自我意识的挑战） ·通过欣赏儿童的思想来提高他们的自尊心 ·对爱好和兴趣的尊重 ·同理心、价值意识和自信意识的培养 ·导向辅助的提供 ·评估和加权竞争价值标准的制定 ·可持续的认知、情感取向和社会取向的创建 ·认知、情感和社交能力的培养 ·提倡儿童成为自力更生的人，并向他们提供帮助和建议，以帮助他们形成独立思考和成熟人格的素质 ·促进反思独立 ·独立能力的发展 ·鉴于世界的矛盾情绪，鼓励在不陷入相对主义的情况下自信地应对生活中的挑战 ·学习作决定并对自己的思想和行为负责 ·了解对社会的责任

第一，哲学素养中表现出的对事物的惊奇是儿童探索世界的内在动力。

哲学素养中表现出的对事物的惊奇可以使儿童保持自己的爱好和发现"非凡"的趣味。如果儿童对事物充满探索和好奇心的冲动，对"不言而喻"、"理所应当"的结论也充满质疑，这种儿童哲学化就使儿童保持对事物、现象的好奇心。而这种好奇心不会被生活中琐碎的内容和限制所根除，它成为一种内在动机为儿童未来的成就奠基。因为好奇心和对知识的追求就孕育了这种内在动机。哲学思维会使儿童充满好奇，使儿童长久保持对学习的兴趣、对知识的渴望，以及在探索知识的过程中愉悦的心情，而且它对儿童未来充分实现自我也起着至关重要的影响。譬如他可以充分地利用所有的设施和资源满足他的认知，在丰富自身的过程中并接受世界的多样性。

第二，哲学思维的养成对于儿童思维激发具有促进意义。

哲学思维（质疑、反思、批判）的建立，有助于形成独立的逻辑思维和推理、论证、辩解能力。儿童思维的激发正是通过哲学思维的形成而实现的，哲学本身就是思维的运动，而且哲学探究的内容也是思维的运动和可能性的解释。儿童在哲学思考中通过"思想实验"激发创造性思维，形成独立思考能力和批判性思维，以及交叉（网状）的思维能力，并在其中逐渐形成流动的、严密的逻辑思维和推理能力。而且哲学的反思、推理，表达和质疑意见、鼓励人们不要接受未反思的真理和知识，这些对于鼓励儿童独立思考、论证和辩解能力的提高都有着深刻的影响。

第三，哲学思维的养成对于儿童元认知建立具有奠基意义。

儿童综合素质的培养内容包含着元认知的建立和思想训练。元认知最早由美国儿童心理学家弗拉威尔在《认知发展》（1976）一书中提出。元认知就是对认知的认知，是关于个人自己认知过程的知识和调节这些过程的能力，也就是对思维和学习活动的知识和控制。元认知的实质是对认知活动的自我意识和自我调节，例如"学习如何学习"。元认知本身就具有哲学根源，"元"的概念产生于对内省法的自我证明悖论的哲学思索。内省可看作是认知主体对客体水平所进行的意识作出元水平的言语表述。内省就是自我意识能力的表现，是介绍和总结的自我意识能力，在内省的过程中逻辑和论证思维得到了训练，分析和综合思维能力也得到了培养。

第四，哲学对话有利于沟通技巧和沟通能力的提升。

沟通技巧和沟通能力的提升作为综合素质培养的目标也是至关重要的。而在哲学对话中这种能力恰好得到提升，譬如哲学对话强调质疑对方的观点、明确自己的观点、并能将自己的观点做替换。在哲学对话中为了质疑别人的观点，以及建立自己的观点，需要通过论证、推理达成，其中必然包含假设的建构和对思想的澄清和表达，那么在整个过程中沟通技巧自然能够得到有效的提高。诸如真理、谎言、幸福、友谊、正义、平等、公正之类的哲学话题讨论，必然为社交情感能力的发展创造空间。而且通过长期的哲学质疑和争论也为儿童补充了大量的、丰富的、活跃的词汇和无与伦比的语言意识。儿童的语言能力通过反思性讨论有所增加，沟通技巧也得到扩展。儿童学会澄清和表达自己的想法，听取他人的意见，进行思考和进一步的反思，这可以再次促进社会情感的发展。这也为建立移情、宽容和开放的情感作了坚实的基础。

第五，哲学的宽阔视野有利于儿童思想领域和想象力扩展。

哲学思维是意识的流动，哲学强调视野的多角度，甚至是全方位。而且哲学思维更强调非既定的、发散的模式，以及重视推理能力的培养。那么，这些对于儿童未来处理复杂的、多层面的问题给予了深层次的积淀和开阔的角度，使其能够做出具有创造性和原创性的解决方案。这样一来，儿童的思想领域和想象力便都得到了扩展。

第六，哲学思维的培训对儿童多种才能发展具有积极意义。

儿童通过哲学思维的培训，譬如跨文化交流思维，假设性思维，类比、分析和逻辑思维等可以促进儿童的综合认识能力、自我管理能力的提高。那么，在这样的哲学思维的培训下，儿童哲学化便可以为儿童提供更多的机会和多种才能发展的可能。

第七，哲学思维的综合、分析和网状交织能力的建立对于儿童深层探索知识领域具有至关重要的意义。

哲学思维既包含分析能力，又包含综合能力。"分析"强调的是对知识的深化和丰富，而"综合"强调的是对知识领域的整体把握。掌握这样的哲学思维就会促进对问题的分析以及对主题、结构和解决方案的综合能力。将各种信息以及术语、论点和观点分解为有意义的单元，以便它们可以用作扩展关系的基本构建块、在创造性思维过程中将小单位组合成新的思想、论据和观点。这些都是分析和综合能力的培养。同时在各种领域、各种知识的"综合"与"分析"中还贯穿着"网状"的交织能力。通过这样的哲学"网状"思维可以建立并认识跨学科关系的能力，这就是对因果思维发展的宝贵技能。在这样的基础上，各种专业学习能得到丰富，而且儿童可以长期地、更好地将这些知识进行存储。所以说哲学思维的综合、分析和网状交织能力对于儿童深层探索知识领域具有积极促进意义，它是儿童综合素质提高的关键因素。即哲学思维（综合、分析和网状交织）能力的培养会使儿童逐步形成对各种关系的整体认识和把握能力，综合不同学科知识的能力，以及对不同观点的整合能力。

第八,"认识你自己"让儿童能够发现并实现自己的潜质。

儿童如果具备哲学素养,譬如反思的能力,那么他就不仅对他人和事物有认识能力,同样可以具备认识自我的能力。"认识你自己"让儿童能够发现自己的技能、才能和潜质,并实现自己的才华,而且还会使他的兴趣和多样性得到促进。因为一旦"认识了自己"便可以制定促进这些"技能"和"能力"发挥的方法和策略。

第九,自我意识的觉醒对于儿童自尊心和自信心建立具有指导意义。

培养儿童对目标完成的决心,就是哲学中对生命自我意识的挑战。自我意识的觉醒对于儿童自尊和自信的促进起着积极意义。而且作为综合素质提高的一个要素——价值和目标导向——在哲学领域里仍然是关于自我意识的培养。即儿童可以通过反思、评价等哲学能力的训练,培养自我意识和价值意识,创建可持续的认知、情感和社交能力。

第十,哲学素养的形成有利于培养儿童的个人及社会责任感。

哲学素养的形成,其创造力、想象力、沟通能力、认知能力、思维能力、自我意识的觉醒等也一定会激发自我的和超越自我的社会责任意识。其实儿童进行哲学教育的目标就是进行民主,自由和宽容的教育,对维护生命的自然基础、和平以及最终尊重和实现人的尊严与人权负有社会责任。

总之,通过儿童哲学化使儿童质疑原有的观点,对自己和他人有了新的认识。通过聆听来学习洞察其他思想的能力,以此来扩展儿童的视野,并打破原有的单面性。以此为基础,儿童的学习将变得更加有趣并且儿童可以更好地吸收知识。同时,哲学的"综合"能力和"抽象"能力对于儿童解决问题能力的促进起着重要的作用。专注于创造性的表达形式为儿的各种可能性和多样性也开辟了机会。培养和训练儿童的哲学思维，譬如论证和判断，为综合才能的语言技能提供优势。思考真理、平等与公正，质疑价值观，喜欢争论和推理，并保持好奇心的儿童有更广阔的发展空间。所以说将儿童哲学化作为一种培养原则能使儿童综合素质得到提升。即思维的训练，可以提高儿童的对话技巧，串联不同领域的知识，发展与他人打交道的社交技巧，促进创造力，保持好奇心，等等。

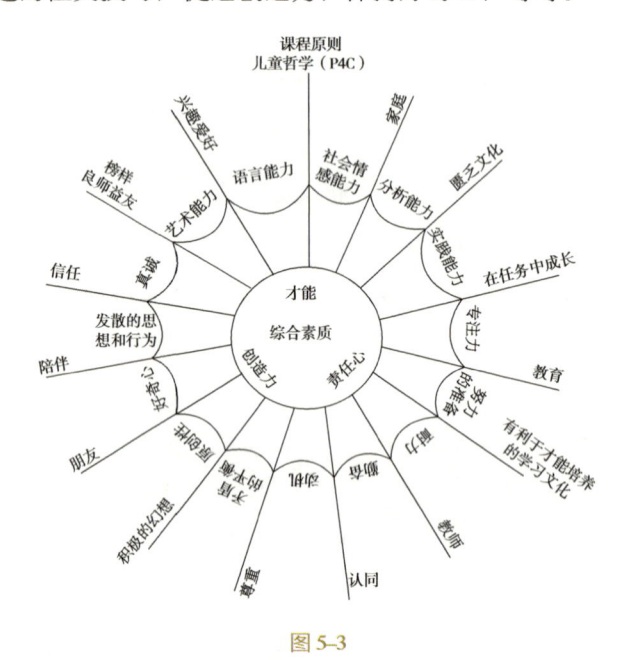

图 5-3

最后让我们再看一下"综合素质"模型。

图的中心就是"综合素质"。综合素质包含才能、责任心和创造力。儿童具备了这样的综合素质便可以发挥其潜能。而综合素质所包含的要素都需要哲学的内化，正如这个模型的网状结构，用蜘蛛网隐喻哲学形象：哲学化就像旋转蜘蛛网，它不是单纯的、机械的，而是创造性的活动，每个"网线"都按照结构和规则发展建构，相互依存并有目的地交织在一起。

总之，儿童哲学化是儿童综合能力培养的基础。在儿童综合能力培养中加入哲学的元素和方法，能够展现出儿童哲学的目标与综合才能（综合能力）促进目标的一致性。儿童哲学对于综合能力的提高具有积极价值。哲学对于儿童诸多潜质、能力、需求的原则、高素质发展和强化都具有决定性的意义。譬如哲学素养中表现出的对事物的惊奇是儿童探索的内在动力；哲学思维的养成对于儿童思维激发具有促进意义；哲学思维的养成对于儿童元认知建立具有奠基意义；哲学对话有利于沟通技巧和沟通能力的提升；哲学的宽阔视野有利于儿童思想领域和想象力扩展；哲学思维的培训对儿童多种才能发展具有积极意义；哲学思维的综合、分析和网状交织能力的建立对于儿童深层探索知识领域具有至关重要的意义；"认识你自己"让儿童能够发现并实现自己的潜质；自我意识的觉醒对于儿童自尊心和自信心建立具有指导意义；哲学素养的形成有利于培养儿童的个人及社会责任感，等等。总之，通过培养渗透到儿童身上的哲学方法、哲学思维，譬如反思、批判、质疑……对于开发、加强和发展儿童的潜能具有促进作用。因此，社会各界应对儿童哲学教育要给予足够的重视，将其视为基本的文化技能，就像读书、写字和计算一样，因为哲学化能够帮助儿童综合素质的发展，而且同时对于儿童的独立性和责任意识的教育都起着积极作用。

第六章　儿童哲学教育的措施
——儿童哲学情境构建儿童自身

儿童哲学教育对于儿童综合能力的提高具有积极价值,通过哲学化将哲学方法和哲学思维渗透到儿童的头脑里,加强哲学塑造因素的内化意义对于挖掘和发展儿童的潜能具有促进意义。可以说哲学化就是解决儿童基本发展问题的潜在支持。那么需要怎样的手段才能将哲学方法和哲学思维渗透到儿童的头脑里呢?这需要我们明确儿童哲学教育对于儿童综合素质培养的可能性,以便能够更有效地挖掘、加强和发展儿童的潜能。我认为儿童哲学教育的贯彻需要家庭教育与学校教育相结合,即家庭哲学的滋养和学校儿童哲学课程的设立相结合。家庭哲学的滋养应包含类似于在共同阅读、对话、亲子活动中哲学方法的渗透和哲学思维的建立;而学校的教育,我认为,一方面,幼儿园和小学阶段应开设相应的哲学思维训练课程;另一方面,学校应建立哲学教育理念,强调所有的课程都应融入哲学的元素和方法。

但无论是哪种方式都需要我们构建一种教育模式,这种教育模式能将儿童的认知挑战与共同探究、思考和反思的过程相联系,能以有力的方式为儿童认知以及元认知能力的发展提供一个空间,也就是说这种教育模式能让儿童进行充分的哲学思考(包括充分地提问、对话和讨论)。那么我提出构建一种有利于哲学教育的启蒙环境,这个环境不一定是清晰的空间环境，但一定是具有内在关联的、充满意义（哲学意蕴）的哲学情境。即我主张构建一种儿童哲学情境。儿童哲学情境的构建，一方面，试图让儿童在其中进行充分的哲学对话，发现儿童的困惑与问题，进而理解儿童的世界，同时又使成人也能对令人着迷的问题产生兴趣，与儿童共同解惑，实现成人与儿童的共同成长；另一方面，也试图在其中为儿童渗透哲学方法和培养儿童的哲学思维，使儿童在其中慢慢地哲学化。

那么通过吸收一些哲学家，包括卢梭、杜威、海德格尔、狄尔泰、马修斯、李普曼、德勒兹、施密茨等人的思想观点，以及同宝宝瑞几年来的哲学对话践行，我提出"儿童哲学情境构建儿童思维自身"的观点。下面我就从三个方面展开我的观点，即儿童哲学情境建构的内涵；儿童哲学情境建构的意义；儿童哲学情境建构的实践。

第一节 儿童哲学情境构建的内涵

我们的生活是由各种各样的情境组成的，人们的全部生活经历和体验都通过情境实现。按照新现象学家施密茨的观点：情境是一种多样性事物整体地组合在一起，虽然混乱，但是个意蕴丰富的整体。① 那么对于儿童哲学教育我主张建构一个包含提问、哲学对话（包括追问和讨论）的事态和体现哲学意蕴整体性的儿童哲学情境。

一、哲学提问

提问是儿童哲学情境构建的前提。提问是对事物产生的兴趣，也是对事物发出的质疑并探究事物本质的一种方法。提问（质疑）源于一种对事

---

① 关于情境理论的介绍请参见李昕桐：《身体情境意蕴》，人民出版社2016年版，第14页。

物的接受和不确定性,提问(质疑)是主体性觉醒的突出表现。一个事物只有被提问、被质疑、被怀疑,才会被关注、被思考。提问是人类认识发展过程的一个环节,没有从质疑开始的提问,就不能有发现新真理的可能。也就是说,问题只有被提出来、被质疑,才能通过思考走向肯定和认同,或者再度质疑而被深化,并通过批判达到创新。正如笛卡尔在《哲学原理》中的言论:"要想追求真理,我们必须在一生中尽可能地把所有的事物都怀疑一次。"① 而且我们一直倡导培养儿童的哲学思维、批判性思维。那么实际上我认为,提问、质疑的过程就是批判的过程,因为批判就是怀疑精神,就是问题意识的继续和超越。质疑建立在批判态度的基础上,质疑是对事物产生兴趣,并酝酿自我评价的开始。人们通过提出问题,开启分析问题、解决问题、并对自己和他人的思维加以反思考察的过程。正如伽达默尔所说:"问题意味着公开和进入敞开之中。与意见的牢固性相反,问题在未规定中给予事情可能性。"②

只有提出问题,才能将参与者带入这个问题情境中,才能引发后续的思考,即追问、讨论和意义的生成。那么情境中的"提问"环节,我认为可以划分为儿童主动提问和成人引导式提问两种。

首先我们来分析儿童主动提问的情况。儿童主动提问就是由儿童首先发问,并将我们共同带入哲学情境中。儿童愿意开放地想、开放地问,这是非常珍贵的。在我的经验看来,儿童到了七岁以后就越来越不愿意主动发问了。这是因为接受了传统学校教育后,儿童更倾向于"听"、"记"的学习方式,便慢慢遗忘了质疑。所以儿童能主动发现问题、提出问题,是非常难得的。成人需要对此给予有效的培养、激发和保护。儿童哲学家马修斯就认为,儿童的提问不能被忽视,"许多人认为,教育主要是一个社

---

① 笛卡尔:《哲学原理》,商务印书馆1958年版,第1页。
② Gadamer, *Wahrheit und Methode, Grundzüge einer philosophischen Hermeneutik*, Tubingen, 1960, p.349.

会化的过程,即儿童和青年人被装备好以适应社会的有用角色的过程……这种以社会化为取向的教育模式是不恰当的。原因之一是它忽略了为儿童提供'p是怎么可能发生的呢'这样类似的问题。这些问题在教育中的缺失导致教师与学生的关系以及学习经验处于贫瘠当中,学习仅仅成为一个复制的过程。它忽视了'提出问题以增加我们对于世界的兴趣,并展示出日常生活中哪怕是最寻常事物背后的陌生与惊异之处'。多么可惜啊!"[1]我们之所以说要重视儿童提问,是因为儿童提出看似简单的问题背后往往隐藏着复杂的哲学奥秘。在提问的过程中,他们虽然不会使用哲学专有名词、术语或者概念,但恰恰是最简单、最直白的提问才是深入到哲学研究的基本问题,而且儿童的思维无拘无束、没有框架捆绑,儿童探索的角度具有原初性、创意性和新奇性,是成人思考视域的盲点,所以既然儿童开启了哲学情境,我们就应该尊重、重视并跟进。而且儿童在自己生活世界里的探索,正是对生活意义的追寻,这是非常有价值的,因为他在探索的过程中,在生活的体验中慢慢形成自己的人生观。儿童在探索的过程中遇到了问题,于是他们开始思考,在思考中产生出问题,不但表现出了探索的精神,这些问题也同时是值得关注的哲学问题,绝不能压抑儿童的这种探索天性和思考的积极性,也不能将儿童提出的问题放任不顾。我们要跟进到这个由儿童创建的哲学情境中,给出他们充分思考的空间,并在能力范围内给予儿童思维能力的训练,培养儿童的创造力及哲学素质。儿童哲学家李普曼就曾以儿童的口吻说出:"请让我们思考。"

其次,我认为儿童哲学情境的开启大多数情况是由成人提出问题,并引导儿童共建儿童哲学情境而完成的。也就是说,多数的提问需要成人提出,成人以"起兴"的方式激发儿童思维的源动力,引导儿童进行思维探究。譬如我和宝宝瑞的所有对话,大部分是通过我的提问开始的。那么这

---

[1] Matthews G.B., *The Socratic Augustine*, *Metaphilosophy*, 1998, 29(3), pp.196–208.

种情况就是成人引导而创建的情境（问题情境）。这种问题情境的目的是人为地为儿童与世界交流提供了空间，让儿童摆脱被动接受的模式，进入一种放松的、自由的、由自己和成人共同构建的情境中，让儿童去体验、去思索、并形成新的经验沉淀在自己的思想底蕴中。所以这个儿童哲学情境是由成人提问开启，进而成人在与儿童的对话中共同构建富有意义和内涵的情境，而这些意义与内涵的连接并非是早已确定的。在设置的情境中成人通过对儿童发问，使儿童集中注意力进入哲学情境，有目的或者无目的地延伸到一些哲学家关注的问题，譬如自由、公平、伦理责任、人的意义……为了探究解释的多种可能性，通过成人的提问，自然地要求儿童自由地给出他们关于对象的思考、理解和解释，再通过而后的持续对话激励儿童的进一步思考。

那么如何让提问变得更艺术呢？也就是如何提问才能更加起到引导的作用，既避免阻碍儿童的思考空间，又能让对话持续推进，让哲学情境能够向后发展，并帮助成人了解孩子们在想什么、知道些什么，鼓励他们进一步积极地思考呢？因为是哲学情境的建构，所以成人需要提出有别于其他学科固定的、既定的、有限定答案的问题，即所提出的问题应该是开放性的，而且是能激发孩子反思性、批判性思维、怀疑的态度，以及理性运用的问题。儿童从中慢慢体会到的应该是：人类知识的暂时性和无限性，人的存在的多维度特征。所以我一般喜欢开放式的提问，我所提出的问题不会使问题情境或者说哲学情境立即终结，譬如回答"是"或"不是"的问题，而且也绝没有固定的答案，而是问题开放给孩子，让他们有可能的空间追问，并不断建立起批判性思维。其实这种开放的提问方式更接近于苏格拉底的提问方式，有多种可能性和空间的发问方式（关于苏格拉底的提问，我会在下面对话部分深入讨论）。皮亚杰认为，每一个好的提问都应该是能产生"认知冲突"的提问，也就是通过提问产生认知冲突，从而激发和考验人类的智慧。在我们的儿童哲学情境中，即在由成人开启的问题情境中,通过"认知冲突"将儿童的思维提升到一个更高的发展层面。那么对于问题,我在与宝宝瑞的交流中,经常使用的就是"你怎么认为呢?"、"你是怎么知道的呢?"、"你为什么这么认为呢?"、"如果这样……不行吗?"、"凭什么你的说法就是正确的呢?"、"你有确切的例子吗?"、"你能证明吗?"、"你认为还会发生什么呢?"、"你说的这个和……有区别吗?"等等。这其实就是吸引人去探究的、类似于苏格拉底式的问题。因为苏格拉底式问题就是需要回答思考具有挑战性的、需要逐渐抽象的、进而能帮助儿童自己得出结论的问题。譬如我经常问的"你为什么这么认为?"(这是向宝宝瑞寻求解释),或是"你能举例吗?"(寻找例证),这些都是要求儿童澄清的问题。譬如"你为什么会这么认为啊?"(寻找理由)或是"你怎么知道?"(询问假设),这些都是探究原因和证据的问题。譬如"你说的这个和……有区别吗?"(区分观点),这就是探究其他观点的问题。再譬如"你能证明吗?"(验证事实),这就是验证可能的影响和结果的问题。类似这样的问题我认为能够让儿童进入到解读世界的哲学情境,促使儿童对事物深入地探索和挖掘。

我都是在平常的生活中建构哲学情境,我会关于某一具体事物、事件对宝宝瑞提出类似于前面的那些问题,进而过渡到某些概念的分析,譬如对"幸福"、"爱"、"生命",等等问题的理解。即在提出问题,并与儿童的对话中,我逐步从他的语句中提出想要进一步分析的、能延展到哲学领域的概念……譬如当宝宝瑞在某一环境事件中说出"好幸福啊"(我第二部分"我和宝宝瑞的哲学对话"中举过这个例子),我就会就此发问:"哦,好幸福,哈哈,那你认为,什么是幸福呢?"这些问题是具有引导性的,也就是说这种类似于苏格拉底式的提问能让任何的对话都变得更具思维严谨性,能够将讨论从结构松散的交谈和未经证实的观点变为有目的、有方向的哲学对话。

总之,无论是儿童主动提问,还是成人诱发提问,提问都是哲学情境开启的关键，意义深远。而我更主张成人培养儿童发问，鼓励儿童发问，因为儿童把自己的好奇与他人分享，提问或者质疑是哲学素养形成的基础。那些看似幼稚的问题，譬如"天为什么是蓝的?"、"为什么五颜六色的蘑菇有毒?"、"为什么白天是太阳，晚上是月亮?"、"我为什么会做梦，它是真的吗?"，等等都是儿童与世界关联探索的开启，都是他们在慢慢地建构自己的知识观、世界观或人生观。所以成人开启的提问再巧妙，也难免陷入既定的安排中，容易让儿童陷入被动局面而丧失主动权。因为如果儿童总是被提问，那么他们也许就不会再主动自己提问，就像我之前讲过的，儿童到了七岁以后接受学校教育，基本都是被提问，时间久了，他们就接受并习惯被问的事实，而不再主动提问了。所以，我们不仅要对儿童发问，也要鼓励儿童自己提问。我们需要用提问来探寻儿童的精神世界，更需要用提问来刺激他们进行求知、质疑、思考的探究活动，引起他们强烈的好奇心和浓厚的兴趣，同时学会了解其他人的观点、感受和经历。

我记得在德国海德堡的"哲学家小路""Philosophenweg"，路旁的一个花园门口竖立着一个平伸的手掌，掌心里写着一句话，"Heute schon Philosophiert?"（"今天你哲学了吗?"）

那么我想对儿童说："今天你提问了吗?"

二、哲学对话

哲学对话，即以追问形式展开的哲学讨论。我非常强调儿童哲学情境中"哲学对话"的意义。但要注重对话的技巧，我主张以追问形式展开讨论。因为"哲学对话"有别于普通的日常交流。日常交流是随意的、无目的的，在里面不涉及深入思考的哲学问题，而哲学对话在形式上是一种有结构性，有组织、依据逻辑思路进行的思考；在内容上是引入大的哲学问题的，譬如引入到关于自由、幸福、勇敢、爱等伦理问题，或是引入人的意义、人的存在问题，或引入对万物本质认识的形而上学问题，等等。在我看来，以追问形式展开的哲学讨论才会碰触儿童的内心深处，激起儿童的反思，让儿童在哲学对话过程中呈现自己对人、事、物等的观念和思想，并逐步形成哲学思维：逻辑思维、创新思维、批判思维。而且"追问"是哲学情境持续性和深度有效性的关键，以追问为推进方式的讨论作为儿童哲学启发式交流具有决定性意义。那谈到启发式的交流最有代表性的莫过于苏格拉底的"助产术"。

据说苏格拉底很喜欢在热闹的雅典市场上发表演说和与人争辩。他与别人讨论问题时，总是采取一种与众不同的形式。譬如他会一把拉住一个路人问："对不起，我有一个问题弄不明白，想向您请教。人们都说要做一个有道德的人，但道德究竟是什么呢？"

路人回答说："忠诚老实，不欺骗别人，就是有道德的。"

苏格拉底装作不懂的样子又问："但为什么和敌人作战时，我军将领却千方百计地去欺骗敌人呢？"

路人："欺骗敌人是符合道德的，但欺骗自己人就不道德了。"

苏格拉底反驳道："当我军被敌军包围时，为了鼓舞士气，将领就欺骗士兵说，我们的援军已经到了，大家奋力突围出去。结果突围果然成功了。这种欺骗也不道德吗？"

路人说："那是战争中出于无奈才这样做的，日常生活中这样做是不道德的"。

苏格拉底又追问起来："假如你的儿子生病了，又不肯吃药，作为父亲，你骗他说，这不是药，而是一种很好吃的东西，这也不道德吗？"

路人只好承认："这种欺骗也是符合道德的。"

苏格拉底并不满足，又接着追问："不骗人是道德的，骗人也可以说是道德的。那就是说，道德不能用骗不骗人来说明呗。那道德究竟能用什么来说明呢？"

那人想了想说："不知道道德，就不能做到道德，知道了道德才能做到道德。"

苏格拉底这才满意地笑起来，拉着那个人的手说："您真是一个伟大的哲学家，您告诉了我关于道德的知识，使我弄明白一个长期困惑不解的问题，我衷心地感谢您！"

这就是苏格拉底的"精神助产术"，即通过不断发问而从辩论中弄清问题的方法。它最突出的优点就在于，它能够有效地激发对方的思考活动，促使其积极主动地去寻找正确答案。在我和宝宝瑞的对话中，我也经常采取这样的方式启发他。我不断地提出问题，不断地追问。在我看来，不断地提问、追问是非常重要的。追问在伽达默尔那里也是对话的动态焦点，追问就会改变谈话停滞不前的状态，需要澄清的、开放的、不确定的问题得到思考和阐释，"事情的发展才会获得推动力"[①]。

那么我们与儿童进行哲学对话就可以采取这样的类似于苏格拉底助产术的方式：讨论（对话）过程中通过追问激励儿童深入探讨。追问是在前面"提问"之后就儿童所做的回应给予的追加提问，这里面的策略是如何能让讨论继续和思考深入？其实追问可以采取一些形式，可以让儿童对前面的提问做出回应、给予评价，并让儿童对自己的回应进一步分析，譬如追问："你提到的 XX 是什么意思？你能再说一下吗？再解释一下吗？"或是"为什么你这么说呢？ XX 我没明白"类似于这样的追问，进一步打开儿童的思维，儿童就会沿着这个追问进一步思考陈述，紧接着再与他进行讨论，在讨论的过程中也可以提出一些反驳的观点或是举出反例，譬如

---

① Gadamer, Wahrheit und Methode, Grundzüge einer philosophischen Hermeneutik, Tubingen, 1960, p.349.

"我听说不是这样的,有人就曾经……"也或是讲述自己的经历,分享自己的想法,或是追问从"为什么你这么说呢?"到"……与……的区别是什么?"。最后再到更为抽象的或概念性的问题,如"如何界定……?"在整个讨论的过程中,"追问"是不定时出现的,会根据讨论的情形反复出现。每一句话都能蕴含着相关和看似不相关的问题延伸,以中心点开放式地展开画圆,那么好奇、困惑似乎解开的同时又让新的好奇点和困惑出现。在我看来,"追问"如一把利剑能穿透儿童的头脑,并挖掘儿童头脑中的宝藏。而其中的讨论也是至关重要的,讨论决定了情境的气氛。思考—分享—辩论的讨论方式将情境的意蕴自然地烘托出来。

总之,儿童对某一问题的认识会在成人的不断追问下,不断地思考从而提升思维的深度与层次,逐渐养成思维的批判性、逻辑性、创造性。成人通过对儿童的追问,探索儿童对问题的理解,并帮助儿童梳理自己的思维结构,培养他们思维的相关性、清晰性和精确性,提升他们的思维技能。就我而言,我很喜欢追问,即就某一问题展开思考,思考可能我知识所及的领域,这些领域也是我自己的视域,我的目光所能及的地方在于我自己的历史承载经历的全部。成人在哲学情境中使用苏格拉底式的追问,基于儿童原来的认知水平,有助于提升他们的批判性思维能力,也就是说在讨论(对话)的过程中,成人的角色就是类似苏格拉底的角色,成人要对儿童的回答表现出积极的兴趣与关注,可以扮演"迷惑不解的倾听者",譬如强调"我也不明白";也可以扮演挑衅者,譬如"我的观点和你可不同"或"我的观点恰恰与你相反"。通过讨论拓展儿童的思维,成人再用例证论述。成人展开论述的意义是给儿童提供一种解释事物的范例,即如何解释概念,如何论证自己的观点。在论证的过程中,成人可以先给出自己的结论,然后分析为什么给出这个结论,也可以先举例分析,最后推出结论。总之成人在分享自己的观点、总结自己的要点的过程中将逻辑推论线索呈现出来,让儿童感受到逻辑的力量,但绝不是让儿童完全赞同成人的观点，而是给出开放的思维空间，让儿童效仿这样的逻辑推论模式来论证他自己的观点。那么在讨论的过程中，儿童不但会慢慢自觉地使用"我认为……比如……所以……"这样结构完整的句子来表达论点，而且在他头脑中的逻辑也会越来越完善，甚至还可以找出别人的逻辑漏洞和逻辑谬误。譬如前面我们举过的例子，我说"听侦探故事就是不好好学习，不好好学习将来就考不上好大学，考不上好大学，就没有好工作，就没有美好的未来……"宝宝瑞批判我的逻辑是"滑坡谬误"。而且在其中成人需要锻炼儿童的抽象思维能力。譬如分类能力、归纳能力、推理能力，以及想象力。这些都可以从我和宝宝瑞的对话中找到线索。

　　人们通过对话彰显辩证思维和批判思维。对于观点不同的双方讨论，通过与对方观点的碰撞，不断修正自己的观点、不断地思考。所以讨论就像是一个学习思想的实验室，人们在其中验证自己的思想。正如雅斯贝尔斯曾说过的："对话是探索真理和自我认识的途径"，"对话便是真理的敞亮和思想本身的实现。对话以人及环境为内容，在对话中，可以发现所思之物的逻辑及存在意义。"[①]李普曼也同样认为，"对话引起思考，人们常常是因进行对话而必须思考"[②]。所以只有在对话中才能真正地推进思考，更好地达到实现哲学化的目的。而且在平等的对话过程中，儿童能够依据自己的生活体验自由地表达思想，体验不同的思考风格，同时通过思想交锋来评价和验证自己观点的正确与否，以及前提基础，进而探求自己生存的意义和价值。所以说儿童哲学教育就是帮助儿童发现自己生活的意义，教授儿童学会如何思考，从而改变传统的用大量知识填充儿童大脑的教育模式。在讨论的过程中，成人还要把握讨论的节奏、最好的是双方共同的情境交流，双方都能体会情境的意蕴。这里需要强

---

　　① 高振宇：《儿童哲学的中国化：问题与路径》，《全球教育展望》2009年第8期。
　　② 冯周卓：《儿童哲学与教学改革》，《外国教育研究》1994年第1期。

调的是对话的过程,而不是结果。讨论时注重思想探索,而不是追求答案。因为哲学讨论的问题是没有唯一答案的。譬如当你面对儿童提出的,"人生从何来,死往何去?"、"什么是公正?"、"如何做到平等?"等此类问题时,其实成人自己也是无法给予一个明确的答案的;而且讨论对话不是滔滔不绝的长篇大论,而是就某个焦点进行系统地交谈:互相倾听、追问、分享各自的观点,其目的是碰撞思想、交流观点,设法把这些想法连接起来,形成条理清晰的思路和调查路线,寻求共同理解的可能性。也就是说,双方在争辩和诘难中闪现智慧的火花,从而与哲学的本质形成某种沟通。当然在讨论的过程中要以验证论点为依据,以分析观点和探寻价值为基础,而不是像谈话中普遍存在的现象——一味地接受他人观点。总之,要通过更深层次地思考与探讨,给出更具思想性的观点并证明自己的观点。

总之儿童哲学情境构建的整个过程包括提问、追问、讨论(对话)。提问,让儿童开始思考进入哲学情境,通过儿童给出的回应,成人进一步追问,展开讨论,可以将儿童带入你自己可以掌控的知识领域,给儿童呈现一个广阔的天地;也可以与儿童共同进入一个"未知的领域"(也就是你不知道话题会延伸到哪里),相互思索对方的观点和立场,同时也在自己的思考中参考对方的观点,再就某一个可以更深入的点切入进去,并不断地探索和挖掘儿童的精神世界,以及自己的精神世界。那么实际上无论哪个层面,我们都会发现儿童思维的逻辑性、创造性,以及元认知层面的多元和复杂性。这种多元和复杂得以呈现无论对于儿童还是我们成人自己都是极其有意义的。哲学情境是我们认识儿童和认识我们自己非常有效的途径。儿童哲学情境的构建为儿童提供更适合他们的综合素质提高的环境的同时,也为我们自己的精神滋养提供了土壤。

第二节　儿童哲学情境构建的意义

儿童哲学情境构建儿童思维自身，即通过身体性的融入达到意蕴的直觉体验。情境创建，意蕴自然生成。儿童在哲学情境的意蕴中获得的直觉体验，使思考的深度和广度都有所提高。实际上儿童哲学教育的实质就应该为儿童创建一个良好的、使其个人思想发展完善的儿童哲学情境。也就是说，需要有一个特别的、可以信赖的环境气氛，以便儿童在其中进行身体和精神的交流活动，通过整体性的感知、实现真正意义的思维成长。

我曾在《身体·情境·意蕴》这本著作中详细论述了新现象学家施密茨的"情境理论"，在施密茨看来，情境具有整体性、意蕴性和混沌多样性的特征。[1]"整体性"特征是按照格式塔心理学意义上去理解的，即表象、内聚现象和它的组成部分紧密结合在客观世界的突显。[2] 整体性是指相互内在的关联，即凭借意蕴内在关联。"意蕴性"特征是指，情境内部虽然发散，却可以有一个联结的、流畅的线条将其整体统一起来。而"混沌多样性"特征是指，情境内部元素不可计量的，现象也是多种多样。总之，情境不是具体现象组成的多样性，部分或全部内容甚至脱离具体性，而是体现混沌多样的整体感。它是自发地，不需要特意安排就会对人产生影响，使之留下印象，展现其"现实性"的东西。但在混沌多样的范围或视域内会有几个凸显的固定点串联起来形成整体。情境是人通过感觉与印象通达世界的体验方式，这是一种身体性的体验。情境构建了一个混沌多样的整体性，在其中单一性（例如意蕴性，事态）能够显露出来。

---

[1]　参见拙著《身体·情境·意蕴》，人民出版社 2016 年版，第 15—17 页。

[2]　Hermann Schmitz, *Der unerschöpfliche Gegenstand, Grundzuege der Philosophie*, Bonn: Bouvier, 2007, p.67.

那么下面我就通过儿童哲学情境中的体验、意蕴生成、直觉性把握和情感诱发潜能几个角度来阐释儿童哲学情境的意义。

一、儿童哲学情境中的体验

儿童哲学情境建构目的是让儿童身心沉浸其中的体验。这个"体验"不是"知识源于经验"中被窄化的"科学经验",而是如杜威、狄尔泰、海德格尔等人理解的"生命体验"。经验概念是杜威哲学的核心,他将与生命理解相关的"自然"与经验结合起来,回到了人的生存背景,即人的生命活动,以此跨越了之前认识论的经验理解;狄尔泰的"体验"是一种"生命体验",是与人的生命活动联系在一起的生命关系,也就是说人们只有通过体验才能感受生命。"体验活动是一种特殊的、独具品格的方式,在这种方式下,实在为我地存在着。体验并非一种感觉物或表象场地那样对立于我:它并非被给予我们,相反的,只是由于我们内省到了它,只是由于我们将它看作为某种意义上属于我的东西,从而直接据有它,实在体验才为我们地存在着。只是在思维中,它才成为对象性的。"在海德格尔看来,"体验"是一个动态性的、通达的产生,在体验中,才能体现这种通达性和这个"Wie"(怎样)。在海德格尔看来"事实性的生命经验"才是最根本的、人的最为源初的经验。因为"体验"是让本真原初的事件"自行给出"[①]的世界化体验。

那么我提出的儿童哲学情境的建构就在于让儿童身心沉浸其中的体验。在情境中回归一种生命体验,在动态的体验中获得"通达",这种体验是属于个体自身唯一的东西。在这种情境内,儿童才能在面向未来的世界时通过体验建构自身。这种儿童哲学情境的建构如果按照德勒兹的观点

[①] [德]海德格尔:《形式显示的现象学:海德格尔早期弗莱堡文选》,孙周兴译,同济大学出版社2004年版,第3页。

应该是一种经验内化的场域。前面我们提到过德勒兹批判传统教育的线性因果逻辑，也就是如"树木"，同一个根部长出来的果实是相同的，即同因必然同果逻辑，传统教育按照这样的逻辑安排的弊端是忽视了由于"经验"不同而造成的个体差异性。德勒兹的"经验"强调的不是经验主义理解的刺激－反应理论，更不是机械重复的外部训练或灌输，而是深入到经验内部的内化。所以德勒兹"经验内化的场域"就是我理解的打破主—客界限的源初情境，这种经验的内部就是建构儿童哲学情境的经验发生的场域。儿童哲学情境即经验内化的场域是儿童差异性经验的源泉，这才是真正地符合儿童的身心特质。在情境中绝不是线性的因果逻辑，而是真正地从内部触动儿童身心的方式。这个情境不是被外部抽象结构规定好、组织化的、为了追求"同一"的场域，而是个体化的、在其中动态、变化、未知、流动、结合地生成。儿童哲学教育应更深刻理解这种体验式的情境，即在其中混沌却意蕴生成、潜能爆发的场域。儿童教育不是让儿童成为既定的给定品，更不是工厂机器生产出来的雷同产品，而是呈现自如的、差异的、不同体验的生命个体。德勒兹还用"不可还原的多元性"来解释儿童个体体验的差异性。他认为多元性是不可还原为某种单纯的"本质"或简单的数字、数据。这也类似于新现象学家施密茨对"素群主义"的批判。[①]"素群"的结构恰恰与"情境"正好相反，"素群"是依据"还原主义"将经验的世界通过量化还原，所以是一种静态的、对象性的分析，它强调对单一要素的组合，数据细节的罗列。而情境则是动态的、主客融为一体的意蕴整体性。依据"素群主义"的教育模式，便呈现出了被量化，测化、以指标作为标志的程式化倾向。在这种教育模式中，对儿童起着积极意义的共同情境就会被破坏。[②] 而且共同情境背景是儿童形成个人情境

---

① 参见拙著《身体·情境·意蕴》，人民出版社 2016 年版，第 153—160 页。

② Hermann Schmitz, *Situationen und Konstellationen: Wider die Ideologie totaler Vernetzung*, Freiburg: Karl Alber, 2005, p.29.

的源泉。成人应该考虑的是，如何建立一个良好的共同情境，怎样保持某种情境的持续性。只有在情境中儿童的个体特殊性才能得到充分地发挥，可以说，这个复杂性的世界中没有真正的"简单的"个体，尤其对于儿童来说，"每个个体都是一个无限的多元体，而整个自然就是完全个体化的多元体。"① 所以我们不能用一种抽象的、忽视差异的外在目的来"照葫芦画瓢"般地把每个孩子画成同一种"葫芦"。对于儿童教育，我们要立足于个体差异性、复杂性、变化性和生成性的特质，来思考儿童教育。其实依据儿童个体差异性特质的教育已经得到了一定的重视。譬如蒙台梭利的"心理胚胎期"、瑞吉欧教育，等等。总之，教育应该将儿童身上被插入的种种"标签"撕掉，让儿童回归他们自身感兴趣的、敞开的、能充分表现其差异性的，并能够在其中自我生成的情境体验中畅游。

二、儿童哲学情境中意蕴生成和直觉性把握

在儿童的对话或游戏式情境中意蕴自然生成，儿童在其中对意蕴有直觉性地把握，而且儿童的哲学思维在儿童哲学情境中逐步形成。我们也可以把对话或者游戏过程理解为一种情境。在情境中意蕴凸显。也就是说儿童在情境中将自己与万事万物关联，产生意义。对于情境的意蕴性，海德格尔、梅洛·庞蒂、新现象学家施密茨等人都有分析。我在《身体·情境·意蕴》这本书中论述了几位现象学家的"情境意蕴"思想，譬如海德格尔认为事物之间的意蕴关联构成情境。世界就是一个个由意蕴组成的情境。梅洛·庞蒂认为儿童对世界的认知是通过身体知觉体验，通过身体、大脑对世界的整体性来实现的。而在新现象学家施密茨看来，意蕴在"情境"的交互中生成。所以通过几位哲学家的情境思想，我们可以推断出对

---

① 德勒兹、加塔利：《资本主义与粘神分裂：千高原》（卷2），姜宇辉译，上海书店出版社2010年版，第358页。

于儿童来说，儿童在情境的游戏和对话中感知世界。譬如在对话情境中，意蕴慢慢笼罩，儿童融入其中思考、追问、体验，那么儿童的思想便在情境中慢慢生成。总之，在情境中产生各种关联，在情境中没有"身－心"、"主－客"、"人－自然"的分离，儿童与世界真正地融合，人与环境、他者之间的关系混为一体，成为一种无限联结的整体。儿童情境中的体验更强调一种直觉体验。直觉性是儿童的特质，直觉是个体与场域的融合中产生的。人需要不断调整自我以适应动态变化的环境，而环境也在以多种方式促进人的发展，人正是在与环境的不断交互作用中实现了对自我的超越。对情境中意蕴的体会就是直觉。直觉能够使人把握语言无法传递的东西，直觉并不是天才的专属禀性，也不是无法靠近的神秘之物，它内在于每个人的精神世界，是主体实现自身发展的途径与方式。儿童天生就具有直觉。直觉体验与追求结果、追求效率的教学方式不同，它注重的是儿童在情境中的自我参与与自主体验。在儿童哲学情境中，儿童根据自己已有的生活经验，运用自身的直觉、想象和思维直接地感受、体会和领悟，对认识对象进行再认识、再发现、再创造。儿童在其中体验、理解和感悟等直觉能力得到充分的发展。请让儿童在情境中自己去领会和体验，使其心灵得到释放，敞开其无限的可能，而不是填鸭式的教育。儿童是在观察、感受和领会实际生活的过程中获得经验并逐渐成长的。所以儿童教育要让儿童的生命向生活体验敞开，充分体验直觉感知过程的快乐，享受生命的质朴和美好。在儿童哲学情境中，儿童与情境中不同的人和事发生互动和建构意义，是儿童自我世界与外界世界的有机融合。个体生命本质在于，通过对周围事物的直觉体验获得持续不断的成长与建构能力，那么在儿童哲学情境的体验中，儿童的意识通常处于一种悬置的状态，这种状态就是身心融合、外部世界与内在世界的融合，我们称之为"物我两忘"。在儿童哲学情境中通过直接体验实际生活，儿童在主动探索中获得新的经验，培养积极的自我认知。

三、儿童哲学情境中的情感诱发儿童潜能

在儿童哲学情境中内生出来的情感还可以作为动力，诱发儿童的潜能。浓郁的情感是儿童潜能生成的原动力。在儿童哲学情境中通过亲子互动或者师生互动会诱发儿童自身生命情感经验的动力，即在儿童情境互动中（对话、讨论、交流）凝聚的气氛会激活儿童的情绪情感，让这种情感体验成为一种实现自身潜在性的确实的力量。这很类似于德勒兹提出的"情动"思想，即指向情感的、无穷的动力。在德勒兹看来，当儿童教育认识到了"情动"的秘密，便可在儿童与成人那里激发出一种连续的、整体的生长力量。因为强度是内在的，具有"绵延"性的，它从一开始就面向充满未知的未来，也从一开始就承认了世界之不可还原的多元性。它们有一种内在的张力和强度。[1]

总之，儿童哲学情境的构建具有决定性的意义，它不仅对于儿童自身的哲学素质培养有益，譬如使儿童在哲学情境中深切地体验、直觉性地把握意蕴，并通过在其中情感体验诱发潜能。而且儿童哲学情境构建对于成人认识自身来说也是具有积极意义的。正如马修斯所说："儿童哲学的清新、紧迫与自然而然既给儿童自身带来欢愉，也有助于我们欣赏成人哲学——或者更进一步，是哲学自身——的本质与意蕴。是什么推动人们追问并一再追问那些古老的问题？如果人们只是心无旁骛地专注于成人哲学，那么，他们对这一问题的答案只能是一知半解。"[2]

---

[1] 汪民安：《何谓"情动"》，《外国文献》2017 年第 2 期。
[2] 马修斯：《童年哲学》，刘晓东译，生活·读书·新知三联书店 2015 年版，第 169 页。

第三节　儿童哲学情境构建的实践

儿童哲学情境建构还涉及到情境的实践，即采取什么样措施，如何吸引儿童的兴趣，让其有动力去解决问题。所以为儿童建立一个良好的、使儿童在其中能充分思考和完善自我的情境是非常有意义的。成人需要为儿童创建一个可以信赖的环境气氛，以便儿童进行思想交流，即通过整体性地感知、实现真正意义的交流互动。那么成人还需要从生活中的某一点出发，外延到发现、探索和认识不同的事物，采用语言和非语言的方式引导儿童置于儿童哲学情境之中。

无论是学校开设儿童哲学课程，还是家庭哲学熏陶，儿童哲学情境的实践包括很多。根据实践经验，我认为可以通过譬如思想实验，阅读理解、猜谜语、绘画阐释、舞台表演等情境实践内容完成儿童哲学情境构建。

一、阅读故事

在儿童哲学情境中，成人可以挑选一些对儿童的生活经验有意义的故事、寓言与诗词等，激发儿童好问的行为、惊奇的感受与了解事物的渴望，点燃儿童智慧的火花，并将诗一般的美感带进他们的生活。阅读、对话互动是儿童获得有意义的、有思想的生活感受最好的途径。

绘本。成人应选择适合的绘本，选取能呈现出矛盾意义的，或者说能展开双重性，譬如善恶分析的阅读材料。双方首先共同阅读，然后进入提问、追问和讨论环节。阅读强调认真地投入到文本里，因为儿童只有认真阅读才能发现绘本中的细节，才能在之后的对话情境中对角色和事件所展现出来的哲学问题进行深入的思辨和探讨。双方再通过情境中的对话，使儿童的认知能力、哲学交流的能力有所提高，而且还会使儿童的社会的、情感能力得到充分的发展。

故事。成人应选取具有矛盾冲突或者说悖论两难问题的故事，即在故事中有出现两级化、矛盾的情节。通过阅读儿童发现和认识到矛盾冲突或者悖论两难的问题，然后举例说明这两个极端的问题，接着对不同的情形展开讨论、给予分析、对话，譬如"这个情况是对的吗？"最后再提出一些可能的、有效性解决方案，但没有标准答案，结论仍然是敞开的。譬如一个小朋友看见他最好的朋友做坏事——偷东西。他应该怎么做？告诉老师？（如果告诉老师就是背叛友谊）还是劝说自己的朋友？（朋友如果不听怎么办？）在这里思考行为和意义的多样可能性被打开，儿童需要对呈现出的各种可能性做比较分析、阐释和总结。儿童在其中有评价的原则、价值判断的重心，以及有一定承载力的认知、情感和社会定位能力都会得到培养和形成。

历史谚语、成语故事。成人可以让儿童分析和比较成语的内容，并对有分歧、有争论的视角和情形进行讨论。历史谚语、成语故事有利于启发和激发儿童思考，儿童可以自己展开故事内容，独立地提问和发现故事里面的冲突矛盾，并追问"真理"。谚语和故事对于儿童批判性思维的形成具有重要意义。

二、哲学思想之旅

"哲学思想之旅"也可以称作"思想实验"，就是在可能的世界中任意地幻想，它是思想的敞开和运动。儿童把自己的幻想讲述出来，并说出想通过什么办法来实现这个幻想目标，再评价自己的这个"思想实验"的意义。在"思想实验"中，儿童如做游戏一般让思维能力的创造性展开，幻想自己的角色和实施办法，这样，儿童假设性思想的能力和解决问题的能力便得到培养和发展；在总结过程中，儿童总结思想的能力和批判性思维也得到了培养。比如当我们幻想"无"，能得出哪些结论？即我们的认知和思想对于"无"都有哪些内容，关于"无"我们所能认识到的、想到的、感受到的……。

三、猜谜和分析矛盾句子的游戏

猜谜、掷色子和分析矛盾句子的游戏是富有刺激性的活动，并属于非解决性的游戏。在儿童自己的理解活动中，这些游戏能提高儿童的介绍能力和理解能力，在矛盾中发展儿童的思维。成人可以让儿童说出一个谜题进行猜谜活动，也可以让儿童去分析内容本身有矛盾的句子，让儿童阐释关联和揣测。猜谜可以促进儿童思维的灵活性，亲子通过共同寻找答案，产生各种解决的可能性，互相交流思想，培养儿童共同合作的习惯。而对本身矛盾的句子的研究可以增加儿童语言的灵活性。譬如分析这个矛盾的句子："请不要注意指示牌"。

四、对某一事物进行讨论

儿童可以对某一具体对象的特征、概念进行讨论，即对事物的本质进行探究。成人可以让儿童选择一个东西，进行一系列地介绍，譬如苹果，按照一些原则进行整理，譬如颜色、形状……。然后再让儿童比较自己整理的原则和范畴。在对话的过程中，儿童发展了他的对话能力，除此之外，通过分类还可以促进儿童元认知的建构，以及认识相关性和逻辑讨论。

五、舞台表演

舞台表演看似没有语言，但儿童可以通过舞台表演之后对情感—形象、感觉—身体和象征意义进行自我反思而达到哲学素质培养的目的。这些哲学形式是具有代表性的，与儿童直观的、有关联的、隐喻形式的思想照面。整个过程中，儿童可以练习解释概念、提问和对话的能力，促进儿童在认知和逻辑领域的发展。

六、绘画阐释

儿童解释自己的绘画作品，可以深化思想和提高表达能力。他们解释自己的画作，对不可理解的部分进行相关性阐释，有利于促进儿童思想的发展。譬如剪影，我们可以问儿童："看到墙上的剪影，想到了什么？"让幻想进一步展开，这样儿童的想象能力就会得到促进。然后再让儿童分析剪影的特征，通过轮廓视觉表达：给定的概念、心情的状况（高兴还是愤怒）。这种艺术观察与哲学也有着紧密的相关性，因为儿童在其中产生困惑，也会有反思并解惑。以艺术作品作为出发点，儿童的创造力得到启发、语言能力得到促进、情感认知得到了发展。

而且成人可以在所有情境实践中渗透认识论、伦理学，以及人学等哲学问题：

1. 认识论的问题：

——我能知道什么？（世界是怎么产生的？无限有多大？永远是多远？什么是多，什么是少？为什么有数字？思想或者语言是怎么从头脑里得到的呢？什么是时间？我能看得见时间吗？时间从何而来？）

——我怎么能知道，我何时在做梦、何时是清醒的？

2. 伦理学的问题：

——我应该做什么？（为什么有些事能做，有些事不能做？这世界上为什么有恶人存在呢？动物也分善恶吗？要成为好人，人必须做什么呢？我能说谎吗？为什么有些人富有，而另一些人贫穷呢？为什么有时我也会受到惩罚呢？）

——我必须一直说真话吗？

——怎样使和平成为可能？

3. 人学问题：
——人是什么？人的本质在于什么？人还是动物吗？
我是谁？我从哪里来？我只能来这个世界一次吗？人都是平等的吗？如果我在非洲出生，我就是另外一个孩子吗？为什么男孩和女孩不同？动物与感觉有思想能说话吗？

总之，儿童哲学情境实践对于儿童综合能力的促进起着积极的意义。在儿童哲学情境实践中所探讨的诸多哲学问题，譬如人类生存的基本问题，包括自然与技术，个人与社会等之间的关系问题都会慢慢引导儿童关注生活和世界，并且培养儿童探讨问题的兴趣。儿童在讨论此类问题时会慢慢意识到自己想法，开始明确自己的思想，并慢慢锻炼了自己的讨论和逻辑推理的能力，而且他们也慢慢学会清晰地表达自己的思想。即在儿童哲学情境实践中儿童的哲学思维能力——创造能力、逻辑能力和批判能力等——都得到了培养。这就是儿童哲学化的过程。而且儿童在其中逐渐有了语言的意识，他们交换各自的观点，这使他们的交流能力得到了提升，同时在交流的过程中也促进了相互间的尊重，学会了对对方的开放和包容。儿童哲学化的过程还可以通过与之相关的概念思考，来训练儿童独立的批判性思维。可以说在儿童哲学情境中，儿童与其他儿童，或者儿童与成人一起进行哲学反思，从而发现事物的本质、探询事物的根源，并逐渐认识自己，而且在其过程中找到了发现事物并与他人交流，以及最终找到解决问题方案的乐趣。成人可以参与儿童的讨论，但成人的意见和判断应保存在共同思考的空间内。成人要为儿童开辟有利于儿童思维锻炼的活动，为儿童对他人保持开放和好奇的态度创造条件。哲学情境实践还会促进儿童的交流能力，这种交流能力包含着倾听、感受、表达、讨论和反思的能力。

最后我想说：儿童哲学情境的构建无论是在家庭环境中还是学校教育中都是至关重要的。家庭教育注重亲子互动、情感渗透和哲学熏陶。在家庭哲学教育中，成人不要把哲学当成特殊的课程和任务，外在于生活，而是应该把哲学当成生活的一部分，把它当成游戏……在日常的情境中，譬如要在吃饭、散步、看书、看电视、搭建玩具等活动中贯彻，使孩子在玩中学，在学中玩；而学校教育则要以儿童哲学作为教学原则，使哲学成为学科之间的桥梁。在学校学习中融入哲学态度，教师应训练儿童的哲学思维。也就是说，不是在幼儿园或是小学阶段就传授哲学知识，也不是在学校课程表中将哲学作为新的学科，而是将哲学素质的培养作为课程，我们可以称为"哲学素养培训课程"，在其中鼓励儿童在获取知识时自觉训练自我思考的能力，并将他人的思想包含在自己的认知过程中。在"哲学素养培训课程"中培养儿童的分析和创造性思维。譬如通过分析性思维将问题分解为单独的部分、术语、概念、论点和信息，再通过创造性思维将这些单独的组成部分组合成新的思想、论据和观点。最后，综合思维代表了两种思想运动的结合。"哲学素养培训课程"致力于培养儿童的哲学思维能力，其主要包含三种技能的培养：分析能力（分析、评估、得出结论），创造能力（解决复杂问题）和应用能力（解决问题，知识的转移及其灵活的应用能力）。儿童哲学家李普曼就一直重视儿童哲学启蒙教育，他致力于将哲学课程带入儿童的生活，他主张以提高儿童的哲学思维能力为主旨来普及儿童哲学课程。他创立了儿童哲学促进机构 Institute for the Advancement of Philosophy for Children（IAPC），并提出了'Philosophy for Children'（P4C）儿童哲学的教学方法。P4C 是一种以哲学对话方式，以发展儿童思维能力与学习能力为目标的教学方法。这种教学方法可以培养儿童主动思考的习惯，并将批判式思维、创新式思维、关爱式思维、协作式思维四种思维方式的培养相融合。李普曼非常注重思维技巧的训练，也注重创造性思考和批判性思考的练习。譬如他提出"高阶思考"，就是一种将创造性思考和批判性思考结合的模式。李普曼还出版了《与哲学一起成长》、《课堂中的哲学》等著作，探讨儿童与哲学的关系。而且李普曼还建议教育应该重建让学校生活成为哲学"冒险"的场所。① 他强调教育的内在价值。而且李普曼的研究被推广到美洲、欧洲等许多地区，目前在我国也逐步开展起来。

  无论是家庭熏陶还是学校教育，融入哲学态度都有利于提升儿童的人格能力、儿童的社交技能和儿童的逻辑技巧。哲学方法的融入逐渐提升儿童的人格能力，譬如学会形成自己合理的观点、批判的态度；提升儿童的社交技能，譬如儿童愿意与他人进行讨论，懂得民主，也学会宽容，对他人的想法和解决方案持开放态度；增强儿童的语言和沟通能力，将"冲突"和"批判"视为一种丰富自我和体验的手段；提升儿童的逻辑技巧，使儿童学会讨论技巧，逐渐形成批判的逻辑思维。最重要的是：哲学方法的渗透还有利于儿童对知识的获取。这里首先明确"知识"是什么？其次如何将知识与儿童哲学教育联系起来？"知识"意味着从表面渗透到根源，并进行批判性活动以寻求更接近真理的方法。知识领域中的"我有知识"（存在方式）和"我知道"（存在）是有区别的。这种区别将我们引向了儿童哲学的核心。"我有知识"意味着知识是生产性思维过程的一部分，其最终目的是获得更多的、更深的知识。儿童哲学教育基于人的存在方式，目的就是希望引导儿童进入知识讨论的深度。这种新视角带给儿童另一种尝试，即使儿童以深思熟虑的方式定位自己，更深入地渗透知识领域并反思它们。当然，这对我们的教育体系也提出了新的要求。譬如儿童必须适应大量的知识信息，而且必须将知识与人类的学习能力联系起来，强调了"创新学习"的重要性，并指出人们的感知能力要不断提高。通过多种

---

  ① 参见 Lipman, Matthews, etc., *Philosophy in The Classroom*, Temple University Press, 1980, p.9。

儿童哲学情境实践（譬如思想实验、阅读理解、舞台表演、绘画阐释，等等）的能力培养，来实现儿童对知识的敏锐认识。同时我们的教育机构也面临一个转折点和新的挑战。21世纪知识社会对人类的要求有必要考虑需要向儿童传授哪些知识和技能，才能让儿童从容地面对未来的世界，而且必须考虑如何将新事物整合到教学文化中。只有做到了这些才能架起通往儿童哲学的桥梁，突出学习过程中的灵活性和开放性态度。哲学作为学习方法使儿童有能力更快更好地获得新知识。也就是说哲学思维（创造性思维、逻辑思维、抽象思维、批判性思维）形成后，儿童能更容易适应新的情况、能快速认识各种关系，并从大量信息中发现矛盾的信息。而且儿童在哲学思维形成发展的过程中，会更加富有想象力、独立思考，且热衷于实践。此外，儿童哲学思维形成后，他们会更善于找到解决问题的方案，并在批判自我和质疑别人的同时做出决策，在其他专业技能的学习中，更能运用概念理解、综合能力和抽象能力去解决技术问题。

参考文献

[1] [法] 卢梭:《爱弥儿》,李平沤译,商务印书馆2016年版。

[2] [德] 里夏得·达维德·普雷希特:《哲学家与儿童对话》,王泰智等译,生活·读书·新知三联书店2013年版。

[3] [德] 卡尔·雅斯贝尔斯:《智慧之路》,柯锦华等译,中国国际广播出版社1988年版。

[4] [德] 马丁·海德格尔:《海德格尔选集》,孙周兴译,上海三联书店1996年版。

[5] [德] 雅斯贝尔斯:《什么是教育》,邹进译,生活·读书·新知三联书店1987年版。

[6] [意] 玛丽亚·蒙台梭利:《童年的秘密》,人民教育出版社1990年版。

[7] [古希腊] 柏拉图:《柏拉图全集》(第二卷),王晓朝译,人民出版社2003年版。

[8] [美] M.李普曼:《教室里的哲学》,张爱琳、张爱维译,山西教育出版社1997年版。

[9] [美] 艾莉森·高普尼克:《宝宝也是哲学家:学习与思考的惊奇发现》,杨彦捷译,浙江人民出版社2014年版。

[10] [美] 爱因斯坦:《爱因斯坦文集》(第三卷),许良英等译,商务印书馆2010年版。

[11] [英] 怀特海:《教育的目的》,徐汝舟译,生活·读书·新知三联书店。

[12] [美] 杜威:《杜威教育论著选》,赵祥麟等译,华东师范大学出版社1981年版。

[13] [美] 加雷斯·B.马修斯:《童年哲学》,陈国容译,生活·读书·新知三联书店2015年版。

[14][美]加雷斯·B.马修斯：《与儿童对话》，陈国容译，生活·读书·新知三联书店 2015 年版。

[15][美]加雷斯·B.马修斯：《哲学与幼童》，陈国容译，生活·读书·新知三联书店 2015 年版。

[16][美]尼尔·波兹曼：《娱乐至死·童年的消逝》，吴燕莛等译，广西师范大学出版社 2009 年版。

[17][瑞士]皮亚杰：《儿童的心理发展》，傅统先译，山东教育出版社 1982 年版。

[18][意]皮耶罗·费鲁奇：《孩子是个哲学家》，陆妮译，海南出版社 2002 年版。

[19][英]大卫·帕金翰：《童年之死》，张建中译，华夏出版社 2005 年版。

[20]刘晓东：《解放儿童》，江苏教育出版社 2008 年版。

[21]刘晓东：《儿童教育新论》，江苏教育出版社 2008 年版。

[22]刘晓东：《儿童精神哲学》，南京师范大学出版社 1999 年版。

附录：儿童哲学教育杂文（28篇）

一、《离开》

2015年9月28日，宝宝瑞终于还是离开了Q宝贝幼儿园转到新的幼儿园了。之所以说"终于"是因为在我看来"离开"是必然的，或者说形式上的分离是必然的。我们是在不同的"分离"中成长，从婴儿离开母体，到孩子离开家庭走向社会，再到在社会中不同的离开转换，到最后离开这个世界，我们就是以"离开"开始又以"离开"终结，我甚至可以赋予"离开"以本体的意义。所以每每听到那句歌词："天总会黑，人总要离开，谁也不能永远陪谁……"我都忍住不让自己哭出来。但无论如何，"离开"意味着形式的转换，转换意味着改变，只有改变，才会反思，才有对比，才会为自己的选择承担后果，才会进步……。当然离开总会是不舍的，从宝宝瑞九个月大时的早教课，到两岁半时开启的幼儿园生活，到今天已经在Q宝贝整整四年了。这种情感无论是源于习惯，还是源于曾经的"碰撞"，无数的欢乐和感动，一切的一切都铭记在他幼小的心灵中。

二、《纠结》

晚上，宝宝瑞从幼儿园回来，在昏暗的房间径直地走到我的床前，搂着我，冰凉的小脸贴在我的脸上，片刻后抬起，"深情地"、"关切地"看着我。瞬间一滴热泪穿越心房，赤裸裸地从我的眼眶夺出。我那可爱的宝宝瑞终于长大了。

我用手抚摸着他，突然，我意识到他的眼神如此熟悉，我心沉了下来，我知道我所建构的"情境意蕴"又一次被彻底颠覆了。接下来的台词是所料的："妈妈，我有点热，我特别特别想吃冰淇淋，可以吗？"

我感受着眼角的湿润和心里的嘲笑声，"享受"着这个与我敏感细腻反差极大的他带给我的一切。

我是如此的纠结，一方面，我是多么希望他能真正地懂得、拥有、体会人世间所有原初的情感，有着"爱与被爱"的丰富而充盈的内心；而另一方面，我又是如此地担心他受困于人类的情感，某一天他执着的爱成为伤害他的毒药。

2015.03.10

三、《要怎么爱你，我的宝贝》

对于孩子的教育我常常陷入困境。他们像一张白纸展现在我们面前，而正因为是一张白纸，如何引导他们勾勒自己的人生画卷，是父母永远的课题。

过年期间，宝宝瑞放了很多烟花。我固然也喜欢烟火的绚烂，但其瞬间的美丽与金钱、价格的对比，让我提出了质疑。我对宝宝瑞说："几秒钟的燃烧花去的这些钱可以做其他更有意义的事情⋯⋯譬如买书学习知识⋯⋯譬如⋯⋯"我唐僧般地教导，宝宝瑞表示同意。而站在一旁的爸爸却说："你有看见孩子放烟花时那张快乐的脸吗？有什么能换来这份最纯真的快乐呢？"我怔怔了半天⋯⋯

那些天宝宝瑞每晚都和我一起看《中国诗词大会》，他热情地"参与"着，我知道他其实并不懂，他只是喜欢里面竞技的场面。有一晚一位来自河北省邢台市南和县郝桥乡的参赛选手白茹云诠释了真正的诗意，吸引了我和宝宝瑞的目光。她坎坷的人生配合着念的那句"千磨万击还坚劲，任尔东西南北风"让我禁不住热泪盈眶……我向宝宝瑞解释着，告诉他比起他现在的无忧，在这个世上还有很多人艰难地生活，还有很多人在困苦中渴望着读书……所以我们要把钱花在更有意义的事情上……最后我问他："你愿意把过年的压岁钱拿出来捐给更需要的孩子吗？"他盯着我足足有五秒，然后点头说："我愿意"。我一下子把他抱在怀里，松了一口气。谁都不知道在刚才过去的五秒里，我的内心翻江倒海，我多怕他说"不"。

　　随后的某一天我又看了《感动中国》，内心的情绪无以言表。看着我的宝宝瑞，我又不禁陷入了沉思。

　　是否要他们复制我们思想中的轨迹，怎样的人生才是正确完美的？其实我自己都无法界定。是应该让他们无压力地成长，还是在汲取中得到快乐？是只有在学习中才是获得，还是放松和发呆同样是收获的源泉？是让他们在享乐中保持童年的无忧，还是学会理解付出，懂得责任？……是让他们长大后坐在舒适的办公室，悠悠地喝着下午茶，和朋友谈天说地，读书旅游享受人生，还是为了责任，懂得艰辛，为需要的人付出……？

　　我们是孩子人生的第一任老师，如果孩子只从我们身上学到了技能，那是我们最大的失败。

2017.02.20

四、《中国教育：我们已经输在了起跑线上》

和我一样在法兰克福大学作访问学者的刘老师把她的女儿也一起带到了德国。女儿聪明可爱，虽然不懂德语，但在德国幼儿园无障碍地生活，因为没有文化课，没有阶段分班，所有 3—6 岁的宝宝混在一起整天只有玩，玩各种玩具、玩各种游戏，去拥抱大自然、去博物馆……然而为了衔接中国的教育，刘老师也不得不晚上给女儿补习拼音、汉字、数学……

近几年我总会看到一些关于担忧中国教育的文章，我努力挣扎也难逃陷入泥沼，我那可爱的宝宝瑞现在也行走在各种课外班中，尽管多数与知识灌输无关，但也毕竟进入了典型的中国教育的模式中。连批判意识都还来不及形成，就被塞进了这个恶性的体系里，我心疼，但我也无能为力。只要想到他将来要习惯这样的生活，并且不得不"乐"在其中，我的心就无比地煎熬。就像他四岁那年第一次坐在画画班上，我从后面的窗户看着他背着小手认真地看着黑板的表情时，我眼泪就止不住地流了下来。我想着，从此他的人生就这样被捆绑了，如同我们之前走过的路一样。……

"不能输在起跑线上"是中国千千万万家长的心声。这是一句多么对孩子"负责"，多么"理直气壮"，多么"励志"的话啊。然而，就因为这样的一句话，孩子们甚至从小学开始就告别了童年，开始适应填鸭式的教育，题海战术。……整个社会的氛围无不充斥着积压、枯燥、强迫……越来越多的人把学习当成一种竞技，而不是素养的形成。其实连诸如"诗词大会"这样的以传播知识为名义宣传的电视节目在我看来都是知识的灌输，而非无形的渗透。

背诵记忆成了学习进步的唯一途径，考场成了学习的战场，升学成了学习的目标。我就是"记忆教育"和"应试教育"培养下的"佼佼者"，我在多年的应试中练就了一套短期的循环记忆方法，我能在一周内，在甚至毫无理解的情况下背诵一百篇二千字左右的晦涩的文章。哈哈，请先给我颁个奖。然而，它们就像神奇的墨水一样只是暂时停留在我的脑子里，考完试它们就消失了。我对生活常识的了解却十分的匮乏，妈妈经常疑惑地看着我："你不是博士吗，怎么连这个都不知道呢……"，答曰："我只知道考试范围以内的东西，而且考试还不能是临时突然袭击，否则我一定挂掉了……"

在这样的教育下，理解、思考、讨论被沦落为架空的乌托邦。孩子们连发呆的时间都没有，何谈思考"人生"、"自由"、"解放"、"创造"……这些作为人本身应该理解的、更有意义的、更有价值的东西。只是在这样的所谓的知识的灌输中，当有一天他们知道"自由"的含义时，也学不会"自由"了。或者在他们的字典里"自由"就在狭小的界限里，并与意识无关，把背着大人出去打个游戏，偷着交个女朋友……理解为"自由"。他们的字典里也模糊了"创造"的内涵。他们不懂破坏性的粉碎，而把"创造"理解为模仿后的变色、故作的变形，或无实质内容的添加……

我想问，孩子们，忘记你们考试前背过的东西，剔除被强行加入你们脑子里的符号，留在你们血液里的还有什么呢？是厌恶生活的情绪，还是所谓自由的偷欢，是习惯的麻木，还是无知的享乐？是一方面对这种教育模式的咒骂，还是一方面又不得不随波逐流的认同？这座厚厚的墙壁推不倒，且身心疲惫的家长们不断地前赴后继往上累砖。

从我的公寓到学校要经过一个公园，那里每天都有一群孩子无忧地玩耍。而我模糊的眼睛却落在中国的某个城市，一群小眼镜们麻木地向我走过来。

2017.04.09

五、《母爱的沉重与深沉》

静回国了。最近总在微信上和我倾诉，她说："……我妈妈对我的爱很重，但不够深沉……"

这句话让我沉寂了很久，我从来没有深刻地反思过母爱的"沉重"与"深沉"。在我看来，这世界上最伟大无私的情感只关乎于"崇高"，涉及不到"重"与"深"这些层面。

然而，细细思量，我们确实应该从母爱接受者的角度反观付出者的行为，思考"沉重"与"深沉"。"重"是外在给予的一种压力，一种负担。而"深沉"虽然也有"沉"，但却是"深"基础上的"沉"，"深"是源自心灵沉淀后的由内而外的表现，而这种赋予之后的"沉"才能内化到孩子的心里。

在此，我祝所有的母亲节日快乐，并祝愿天下的母亲都能拥有一份深沉的爱。

2017.05.14

六、《心安理得的不优秀》

我终于初步进入了小学带娃状态，与一孩子妈妈的交流中得知现在的宝宝奔波于各种课后兴趣班，其主要原因是学校有一些活动需要孩子展现多样的自己，担心如不报班，孩子会在比较中丧失自信……

我看着和我一样圆脸的、天真的、毫无才艺的宝宝瑞，心里一片慌乱之后我决定这样教育他：你要平静地看待自己的没有才艺，心安理得于自己的不突出和不优秀，以欣赏的心态看其他同学的表演，在比较中找到可以借鉴和吸收的东西。

2017.10.15

七、《中国的课外班》

近期，我陪孩子参加了一些课外班。初步总结如下：

1. 课外班就是家长花钱找人陪你孩子玩，家长节省下来时间自己在旁边玩手机。

2. 业余爱好变成了专业化、程式化训练，孩子丧失了自发的创造性。

3. 后果或者说趋势：孩子与父母的情感慢慢淡漠，孩子之间个性的差异越来越小。

最后，还有家长的眼睛越来越差，脑子越来越傻。

2017.11.25

八、《比较》

有人质疑我为什么总是问宝宝瑞："你喜欢以前的幼儿园还是现在的幼儿园？""你喜欢幼儿园生活还是小学生活？""你喜欢做这件事还是那件事？""你喜欢和A在一起还是和B在一起？"

质疑我为什么要做对比和选择。

其实我也经常在有和无、它和它、他（她）和他（她）中对比，但真正的目的不在于对比后的选择，而在于在相互对照中理解、体会情感和感受的内涵。

譬如我为什么喜欢他（她，它）？他（她，它）中包含了什么才让他（她，它）超越了另一个他（她，它）？而超越的部分或者元素对于自己的意义到底是什么？

人没有纯粹的情感，所有的更喜欢和喜欢、不喜欢和不那么喜欢……都是基于前理解的对比。

2018.01.13

九、《一个灵魂召唤另一个灵魂》

自从我开始和宝宝瑞一起读古诗词，每天都有朋友对我说让我多写一些诗词的解读，因为在我的带动下，他们也开始和自己的宝宝读诗了。这让我想起：一棵树摇动另一棵树，一朵云推动另一朵云，一个灵魂召唤另一个灵魂的故事。我也希望更多的家长关注孩子的思想世界。

2018.04.21

十、《记住这种感觉！》

不到八岁的宝宝瑞这几天在学自行车，当今天他的车离开我的手的瞬间，我问他那感觉是不是自由得像鸟一样，他高兴得拼命点头。

我激动地重复着：记住这种感觉！记住这种感觉！可等我说完这句话，我的内心一片沉寂，这么多年有多少次值得记忆的感觉，它们真的被我记住了吗？随着时间的流逝，随着当下发生的一切，那些美妙的感觉，凝结成晶体淹没在记忆的沟壑里。我多么期待它们能偶尔展现出来，闪烁着光辉，如同我此时晶莹的泪水。

2018.07.24

十一、《精神催眠》

  宝宝瑞已经放假快一个月了，这段时间他不断地向我声明这个假期他要疯狂地玩，我虽然对此表示赞同，但也担心他滋长厌学情绪，所以那晚我把他叫到身边，语重心长地和他说了一番话，大致内容是这样的："宝贝，学习是一件多么快乐的事儿啊，你知道吗，妈妈小时候多喜欢学习知识，无论上课还是自己看书，妈妈都觉得自己是那么渺小，只有知识才能让眼前的世界不断地变大，也知道即便自己不断变大的世界相对于浩瀚的无垠都还那么渺小，也因此更加充满了好奇和求知欲……"

  他瞪圆了眼睛看着我，这个回应让我更加振奋，我接着说："你知道吗，妈妈根本不满足于上课的内容，妈妈到处寻找辅导资料，每攻破一道数学难题都让我感觉到极大的满足，然后再去挑战更艰难的题目，以最快的速度背诵或者交卷都让我骄傲地站在同学面前，也因此更加自信并以投入到竞争中感到极大的愉悦……我从不惧怕考试，我甚至盼望着考试，来确证自己……"宝宝瑞的脸上已经露出来我期待的表情。

  我越说越激动，越说越振奋。我开始崇拜我所描述的那个"我"，那个"我"头上闪着光芒。我被"我"带到了某种幻觉，那么美好……不，那个人就是我，那个人就应该是我！

  在此，我向所有通过语言进行精神催眠的人们致敬！

2018.07.28

十二、《梦想》

宝宝瑞小时候没坐过公交车，4岁时第一次在三亚坐公交车兴奋不已，回来后几乎把哈尔滨的所有公交车都反复坐了好多遍，站名倒背如流。然后，他用真挚的眼神望着我，告诉我长大了要做一名出色的公交司机。

可自从上学了，教化了，梦想再也不特别了：无非就是考北大上清华了……

2018.10.04

十三、《宽容》

晚餐时我给自己单叫了外卖，我最爱的干豆腐丝。结果外卖小哥送来时足足迟到了25分钟，我有点生气地说："你们承诺半个小时送到，就应该按时，如果做不到就不要承诺……"

他走后，宝宝瑞问我："妈妈，你发那么大的脾气，你会给他差评吗？"

我说："当然不会，妈妈有话都是说到当面，从不背后……另外我如果给他差评，他也许会失业的。而现在，我当面指出了他的错误，之后反而又给了他好评，他会觉得如寒冬中的温暖，以后会改正错误，更加勤奋工作，而且也会懂得宽容别人。"

宝宝瑞看着我撇撇嘴："好感动啊！"这个臭小子已经会糗人了。

2018.11.05

十四、《简化》

每次我在书店看到世界名著的青少年版,我就控制不了我自己的情绪。

这种把经典的文学简化成只有人物名字和相互关系的读物,这种被抽走了内在丰富意蕴想象的肤浅的形式的作品就是对作者最大的侮辱,也是对青少年最大的欺骗。

孩子们自诩读过了"青少年版世界名著"就懂了文学,就像学了马克思主义哲学原理就以为懂了马克思主义哲学一样不能让人容忍。

2018.11.13

十五、《游戏》

小孩子总是玩一些大人看起来幼稚的游戏,譬如在地上不断地旋转陀螺。对他们而言,有伙伴的竞技要比一个人更有意思,这说明人作为社会化的动物,需要他人的陪伴以及需要在他人中确证自身。

慢慢地,他们在游戏中增加新的元素,或者干脆更改游戏,以克服单调和乏味,这说明人作为不满足现存的此在是在追求更有"意思"的自身超越,而且趣味与意义一定联系在一起,包括后来展开的生活、学习、工作、爱情、婚姻大抵如此。即便物化遮蔽,本质终将显现自身。

人生就是不断追求快乐的游戏,你能玩得更好吗?

2018.12.01

十六、《这世界就是偶然和必然的集合!》

我一向认为人是社会化的动物,这个社会化主要体现在交往上,确切地说就是什么年龄段要和什么年龄段玩。小孩就得和小孩玩,成年人就得和成年人玩。所以刚一放假我就果断地把宝宝瑞送到了托管班,这样白天他疯玩,我也自由自在,既避免了相互迁就相互折磨,也保证了蓄积一天的思念后的相互珍惜。每天晚上我们各自疯玩回家,腻在沙发上,或是一起看电视,或是一起读诗配音……那场面是相当的温馨。

昨天我和老公出去疯玩,遇一不太熟悉的男青年,他问我:"孩子呢?"

我开玩笑地说:"不管了,扔托管班了。"

没想到他竟说出:"我小时候我妈我爸就不管我,天天出去玩,我玩到半夜 12 点回家一看,诶,竟然是第一个到家的。哈哈。"

我一脸严肃地看着他。

他继续说:"但是谁也没想到,我学习特别好,也没上过辅导班,我还硕士毕业……"

我盯着他,突然我说:"你年纪轻轻怎么眼底发黑?"

他回答:"自从结婚,我就睡不好觉,我不习惯旁边有人,半夜我总是偷着跑到客厅沙发上睡,一会就踏实了……好几年了没睡整一晚。"

我就说吧:这世界就是偶然和必然的集合!

2019.01.29

十七、《华容道》

昨天宝宝瑞收到一个礼物"数字华容道"。他从昨天晚上开始就一直纠结于此，早上起来还是努力攻破着……但只有前 8 个数字看似归位了，其他的就只在后两排反复摆弄着，一筹莫展。

我说："也许你得破坏前两排，重新布局，也许能成功，就像魔方不是一面一面弄成的，而是整体考虑，在六面看起来都十分混乱的情况下一点一点地接近完美。你不舍得破坏现有的已经弄好的一面，你永远也完成不了六面，因为你看起来成形的一面中的某些小块也许实际上正是六面整体成形的阻碍，除非你就只要这一面。"

说到这，我突然停顿了，我们在生活中不就是这样吗，想要得更多，又不舍得放弃已拥有的……

2019.03.23

十八、《教育的关键在于"放"》

这几年我一直努力做的一件事，就是让宝宝瑞觉得学习是一件快乐的事情，主动而且充满热情。但宝宝瑞还是期待假期的自在。我以为我失败了，其实他厌倦的不是学习而是学校的约束，他自由看书时快乐得不得了。

我们成人又何尝不是这样呢，随心地做事总是快乐的、有成果的，而被强迫的要求总是反感的。

所以教育的关键不是"收",而是"放",我认为。

2019.04.29

十九、《幼升小的面试题,我都不会做》

前些天在微信的家庭群里出现了一张图片,题为"2018年上海幼升小面试题",关于巴士往哪边开的问题。

下面的巴士是往哪边开的?左边还是右边?为什么呢?

一看到图片,我脱口而出:"都可以吧,可以有不同的解读。"(因为我以为是让孩子讲故事)

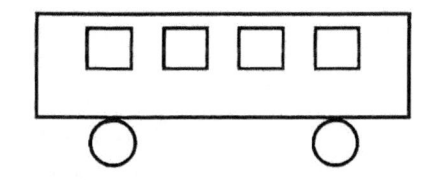

看着图片的巴士,我的思想漫无边际地徜徉。那也许是一个怀揣梦想的乡镇女孩第一次坐着的开往城市的汽车;那也许是在外务工的农民过年回家承载浓浓思念的最后一班车;那也许是忙忙碌碌的上班族在周末与家人的一次郊外旅行;那也许是不被理解和支持的恋人义无反顾地私奔……

哦,我的心里又突然掠过一丝忧愁,我想起童年的我一看到火车轰隆隆驶过就泪流满面,因为妈妈的工作总是坐着火车远行。那种孤独和无助现在仍然偶尔从心底的深处浮现……。

这时出题的嫂子马上告诉我:"只有一种解读。"(是有标准答案的)
我不得不收起刚刚展开的思绪,又认真地看着图片,左边有一部分空白,心想:车是应该向右开的,因为它正在驶出,它慢慢地离开,带着……。不对,也可以是向左开,车正在驶进……

糟糕，思绪还是没有完全收敛，我警告自己，这要求"标准答案"。

我停顿了，我开始在大脑里努力地搜寻，"幼升小的面试题"，又有标准答案，那应该是常识题，但突破口到底在哪里呢？在车上，一定在车上，可为什么我就是看不出破绽呢。

这时焱焱姐找到了关键性的问题："门"。是的，"门"没有在画面中出现，那一定是在另一面，这是个关键性的提示，通过常识很快就会推断出巴士往左边开了。

这时群里又展开了讨论："如果因为门就涉及左右侧通行的问题"，"譬如英国就向右"，等等。当然最后落脚在"上海幼升小面试题"，答案自然浮出了水面。

晚上宝宝瑞回来，我给他看这道题，让他回答，他看看图片说："车是向右开的，你看，妈妈，车马上就要离开了，它驶向远方……"我立即纠正他的思考方式，利用常识和观察引导他慢慢接近了标准答案。

然而我的心却沉默了。

人们把经验看作知识的源泉，从亚里士多德探讨科学的本原，即对同一事物的记忆经过频繁地重复，就逐渐形成了经验，而且通过经验进一步抽象、归纳、概括出"共相"。到后来霍布斯、洛克、贝克莱、休谟等哲学家对经验的讨论，经验都作为认识论的概念。

然而我常常在想：人类知识能否涵盖超越经验的对象，能否通达超越一切可能的经验呢？

而作为将与生命活动联系在一起的如狄尔泰、海德格尔、伽达默尔等探讨的"体验"则是一种有别于科学思想中对物的把握"经验"，而指向人的，对自己本身理解的概念。体验是一种独特的、具有个人品质的方式，在这种方式下，人真实地存在。它并非被给予我们，而是由于我们内省到了它，从而拥有了它。

然而，理性化时代的客观化、标准化的泛滥让真正与人生命相关的"体验"慢慢退化。

譬如当人看到画面、遭遇一种感受，这种感受会唤起相同感受的某个情境画面的再现，那也许是以往的经历，也许是未来的联想，这本是无法抑制的、自然而然的原初情感。那是丰富想象力的展现，那是印象、是回忆、是情趣、是背后的故事，而"标准"或者说所谓的科学经验遏制了这一切。规定的、机械的、生硬的"科学"、"常识"慢慢地切断了人最本真的丰富性。人们被迫形成，并且也慢慢习惯了定式、程式化，像电脑的程序、像机器的零件，有了统一客观的标准和规范。

我们在标准和客观的定式后慢慢失去了"心情世界"，那个最能展现人的特殊性，展现人与人的差异性的世界。

在这样的背景下孩子被捆绑在"标准答案"、"僵化的概念"中，这种应试教育忽视了孩子整体的人性情感，压抑了他们天真的联想。

那个曾经坐着火车望着窗外风景，偶尔凝神、偶尔傻笑的女孩现在还在心情的世界里旅行、遇见、爱恋、感受、体验、想象、创造、编制、陶醉……。

但她的下一代们还会有这些体验吗？

2019.05.16

二十、《体验比教育更重要》

中国的这一代父母是最"爱"孩子的，也是最注重"教育"的。

他们自从有了孩子就围着孩子转，他们在孩子小的时候会24小时盯着，怕孩子饿、怕孩子渴、怕孩子睡不够、怕孩子磕磕碰碰……他们听不得孩子哭，因为孩子的哭声会刺痛他们心里最柔软的地方，他们会顶着腰间盘突出的病痛一直抱着孩子，满足孩子的各种需要。

而当孩子大了一点，他们会全身心地投注到孩子的"教育事业"。他们的形象也从"世界上最溺爱孩子的父母"转向了"世界上最严格对待孩子的父母"，报补习班、看着写作业，伴随着吼叫。他们放弃了理想和事业、放弃了自由和业余爱好、放弃了周末的逛街、啤酒和肉串，甚至放弃了与爱人间的身体和精神交流。夫妻成了教育孩子的共同体，他们像一群赴死的勇士全身心地关注学术动态，交流孩子补习思想，承担着自己赋予自己的压力，他们会在夜里偷偷地哭泣，或在孩子考完试后歇斯底里……母亲们的高跟鞋和小蛮腰都看不见了，包里也没有了口红和粉底，一身大褂的背影充满了"舍生取义"、"大义凛然"的自豪，父亲们坐在补习班外面拿着手机，比较着学校的好坏，听从着老婆关于调整教育方针的指令，偶尔抬起头来想瞄一眼充满魅力的女性，可连个影子都没有，幻想的心思也失去了酝酿的激情，索然无味地低下头看着日益下垂的肚子，感慨着、并慢慢习惯着那充满青春气质的曾经自己就那样悄然无声地远离……。

终于、终于孩子上了大学，那失去自我多年的父母情感如大坝溃堤，一发而不可收。那一刻也许一张离婚证书是除了录取通知书以外最看得见的"收获"了。他们孤独、无助，去孩子所在城市里租一个房子，偷偷地想去看一眼孩子现在的生活处境，却再也迎不来幼儿园时放学奔跑出来的微笑和渴望。于是父亲们放任地寻找新的爱情，母亲们拿起各种丝巾全世界地展现着多年压抑且变异的灵魂，内心的呼声："占有、占有、我要占有，我要占有广场、我要占有所有的景点、我要别人知道我是那么快乐，我还年轻，我能在著名的打卡圣地占据地盘 10 分钟，并吸引别人的目光，因为我能用各种姿势自拍，我会笑、会跳、会与闺蜜摆出"爱心"，我会在花开时节与花最亲密地接触，因为我还能上树……"

原谅我的言语充满了批判和讽刺，我只想尽我所能做一些警示。因为我也是一个快 9 岁男孩的母亲。一路走来，我也偶尔沉溺其中，我也偶尔困惑和茫然，但是我还是想更多地告诫自己：教育路上且行且思考。

我今天想分享一个思考：体验比教育更重要——让孩子从自然属性到社会属性自然地过渡。

先讲我自己和身边发生的几个小故事：

（故事 1）

大概宝宝瑞 6 岁的时候，有一次在电梯里，进来一对夫妇是楼里的邻居，热情地对宝宝瑞说："这小男孩真帅，都这么高了。"而当我们都等待着宝宝回以礼貌地微笑和打招呼时，宝宝瑞却轻蔑地把头转了过去，我当时僵硬的表情凝固在尴尬的气氛里。回到家里我大发雷霆，这是我第一次发这么大的脾气。

我："你太不像话了，这么没礼貌。"

他哭着说："我不认识他们，我也不喜欢他们。"

我："你不喜欢，也得假装微笑一下，哪怕点个头，这是礼貌。"

他："我做不到。"

我："做不到也得做，你这样别人会以为我们家长没有教育好你，你太给我丢脸了。"

说完这一切，我看着哭啼的宝宝瑞，感到无比的羞愧，我竟然为了自己的虚荣，教育他违背自己的感受而"虚伪"和"欺骗"。

（故事2）

还有一次，就是前几天，在宝宝的姥姥家，姥姥在洗手间摘下假牙的一瞬间被宝宝瑞看到了。他第一次看着姥姥凹陷的面部和手里拿着的牙齿，他恐惧甚至有些厌恶地叫了一声。这一幕也被我和姥姥自己看到了，当时我内心无比的疼痛，一方面担心他伤了老人的情感，另一方面也担心有一天他也会面对我的衰老……。

走出家门，我幼稚地问他："宝宝瑞，有一天我也会这么老，你还会像现在这样爱妈妈吗？"他立即回答："爱，但求你现在别说这么伤感的话题。"

他的回答让我愣住了，他那么直接又那么委婉，那么单纯又那么成熟。……我恍惚间不知道这个混合的个体是谁？

（故事3）

一个家长告诉我，通过她几次严厉的批评，孩子终于在小学二年级克服了马虎。

我问她"你小时候马虎吗？"

她回答我："也马虎呀。"

我再问："那你为什么不允许他马虎呢？"

她回答："马虎严重影响成绩，我不能让他走弯路，再犯我们曾经犯过的错误。"

我心想：我的宝宝瑞也马虎，加号看成减号，不认真读题，甚至落题。我偶尔也教育他，但他很难完全做到。我想起我小时候就是这样，着急答题，总是第一个交卷，既想节省时间出去玩，又想表现自己的"聪明"，但每次都出现小毛病，直到高三我才学会了检查试卷，也学会了第一遍就认真审题，做一道保证一道题的正确率。我体会到了"认真"的意义并收获了更多的快乐，因为这更能确定地表现了自我。

通过这几个小故事我想表达的是：

第一：人从自然属性到社会属性是一个逐步的过程，是在自我体验中形成的。孩子逐渐脱离自然状态，开始知道个人自然状态的基本需求之上，才体会其他的需要：譬如社会需要、尊重需要和自我超越的需要，但这一切都是慢慢地通过自我的观察和感受建立起来的。孩子在他还是孩子的时候，只能局限于自然的事物，追求内心自然的属性：喜欢就会拥抱，不喜欢就会躲避，他们还不知道人与人之间的道德关系，不会伪装。

所以我们要尽量地呵护孩子原初的敏感。因为自然的感觉越充分，孩子未来快乐的机会就越多。越早地进入社会属性，进入理性的世界，原初的"自然属性"就会越早地被压抑或隐蔽，未来造成的弊端也就会越多。因为孩子迅速长大是一个习惯痛苦的过程，他再也不能按照他原初的意愿做事，而是为了迎合大人把真实的自己隐藏起来，听从不是因为信服，而是害怕，而且因此"欺骗"也会伴随而至。

孩子一定会从自然属性过渡到社会属性，这是不可避免的，这是文明的标志，也是个体化的进程，这是必经之路。只是这条路应该更多地让他们通过体验自己走，孩子有自己观察、思考和感受的方式，而不是我们捆绑着、拿着鞭子抽打着强行地加速这个进程，或者是用我们自以为是的方式替换它们。

所以要让孩子自然而然地从"天然属性"过渡到"社会属性"。

第二：我们大人总会说："我教育他们是为了让他们少走弯路。我是为他们好。"可是我们所说的好与坏、对与错、直路与弯路……都是我们自己的理解。而如果不是亲身的体验，理解就不会深刻。只有自己摔倒了，才知道"痛"的内涵。譬如孩子摔倒了体会到的"痛"是切身的"痛"，而家长们告诉孩子的"痛"只是语言符号，孩子没有体会就不会理解。

我们成人自己都在悖论中前行，我们自己都在自然属性和社会属性的冲突中、感性和理性的对峙中痛并快乐地前行，所以我们也无法阻止孩子未来面对和经历同样的这一切的可能。作为父母能做到的，只有让孩子充分地体会天然的母爱和父爱，体会"爱"，体会譬如孝、仁、真诚、善良……的情操。

孩子的未来很长，我们早晚会离开他们，留下他们在世间自己体会快乐或痛苦，体会活着的意义。所以，请让他们自己体验，让他们自己发现、思考。感性认识是具有直接性和印象性的，它们直击人的心灵。感性是与经验相连的，并最终与知识衔接的意义过程，如霍布斯认为的"丰富多彩的记忆，或对丰富多彩的事物的记忆，就叫作经验"，而经验必定是知识的源泉。

所以教育孩子知识不如培养孩子的兴趣，教育孩子道德不如以身作则。

每个人都有对"成才"的定义，而且任何"成才"又都是必然和偶然的结合，更重要的是"成才"与"幸福"也不一定成正比。所以在孩子还是孩子的时候，身体健康、精神敏锐、心灵自由，没有焦虑和烦恼，能发出最本真的笑声……是最美好的。

2019.07.16

二十一、《男孩教育问题》

如何避免未来的男孩子如果学理科容易导致过于专业狭窄化而无生活思想辨别度，或者如果学文科容易导致"文人相轻"等弊端？

如何能培养未来男人做到既有思想又有一技之长，既宽容大气又细腻温柔是历史的课题，更是时代的课题。

我认为户外运动，拥抱大自然是首要的前提。运动是身心健康的基础，拥抱大自然是体验生命的最好方式，在自然中感受归属和自己的渺小才会学会宽容。

2019.07.30

二十二、《体罚》

早上打扫卫生的阿姨来家里工作，看到宝宝瑞倔强的表情（他和我生气了），偷着跟我说："孩子不能惯，得收拾。"

我说："咋收拾啊？"

她说："揍啊，你太温柔了，我姑娘小时候，那她的大腿让我给掐的啊……后来就老实了、听话了。"

我没说话，心里回应着：啊？我可下不去手，他是我亲生的啊。

她又接着说："我们小时候都挨揍……"

我还是没有说话，我想起我小时候从来没挨过揍。有一次我和我妈顶嘴，她气得手都抬起来了，在空中停顿了几秒，但却把手落在了旁边的玻璃窗上，于是玻璃破碎的声音和玻璃上红色液体留下的画面一直凝固在我的头脑里。之后我经常回味那不同寻常的感受，一次一次有了更深的理解。最主要的是，我也再没有顶嘴了。

2019.09.08

二十三、《作为家长我们到底能给予孩子什么呢？》

宝宝瑞快9岁了，他越来越以明确的主体意识与我交流时，我也越来越反思教育本身的实质和意义。

说心里话我没有清晰的未来指向，不是我更喜欢未知带来的神秘感，我也做不到在社会汹涌的教育浪潮中反其道而行，我更做不到宏观地把握社会、家庭的命运而给孩子提供成功的捷径。这里姑且只把"成功"界定在世俗认可的"事业有成和家庭幸福"（当然不能再进一步界定"有成"和"幸福"），因为我更相信人是偶然与必然、先天与后天、命与运的综合体。

但作为家长我们到底能给予孩子什么呢？

如果说传授知识不如传授方法，那我还想说：传授方法不如传授理念，而理念的传授不如在陪伴中相互交流和相互学习。

这2年来我除了上课、开会、写文章，只要有时间我就陪着宝宝瑞一起看电视、读书、配音……我观察他的行为，追问他的思想根源，了解他的情绪等等，我发现这是特别有意思的事情，同时在这一过程中我不断反思教育，反思其中蕴含的哲学思想，也给我的科研提供了诸多思路。

我和他交流、与他互动，了解他，有针对性地培养他，并从中有所得，我甚至想着如果有精力可以写本书——《陪着宝宝瑞成长》，记录他思想的变化以及对我的启迪等等。当然我所在的社会层面，我所拥有的知识结构注定了我目光所及之远近，注定无法全面透彻。

这里又回到了这个问题："作为家长，我到底能给予孩子什么呢？"

我想我唯一能做的就是：以我的方式陪伴，认真观察，注重和他的交流，建立起相互的尊重和理解，在现有的可以给予的基础上培养他自信乐观，身心健康。

如果说人生的意义里面充满激情和感情，对于孩子未来的人生，我们无法预设、无法安排，我们唯一能给予的是成长过程中情感的交流、情感的回忆和情感的延续。在陪伴交流中相互学习、相互滋养内心情感。

有一天，我走了，你问我留给了他什么？我可以告诉你，我留给了他爱，给了他童年美好的回忆，给了他成长的烙印，给了他人生路上选择的态度。

2019.09.15

二十四、《爸爸的教育方式》

宝宝瑞今天学校足球比赛，他是班级里的守门员。

我晚上回家问他："战果如何呀？"

他低着头说："1：0 输了"。

我笑着说："哈哈，小笨笨，你现在那么胖，也不灵活，怎么守得住门呐。"

爸爸晚上回来也问了同样的问题，当宝宝瑞回答"1:0 输了"时，爸爸却接着问:"那你整场扑出去几个球啊?"

宝宝瑞回答:"扑出去两个球。"

爸爸兴奋地说:"你要不扑出去那两个球,他们就3:0了,你今天赢了。"

2019.09.19

二十五、《玩就是玩本身》

现在的孩子玩什么都要等级考试:绘画等级考试、钢琴等级考试、舞蹈等级考试、滑冰等级考试、机器人等级考试……就像我曾经说过的:"琴棋书画都成了自我增值的筹码。"

什么时候玩就是玩本身,人才是克服了异化状态,才是实现了真正的自由和解放。

2019.09.20

二十六、《学习我是有发言权的》

可以这么说,我的生活没有离开过学习,或者说,我的学习从来没有空窗期。我从有意识以来一直在学习,从小学读到大学,从学士读到博士后,从国内读到国外,从国外又读回国内,从在学校学习到在学校工作,我人生的活动范围就在学校,我终生的事业就是学习。哈哈。

但这话说起来并不让人心酸,我还是非常快乐的。因为我的兴趣就是读书,而读书就是我的职业。

然而，是否每个人都能把兴趣当作工作呢？或者说是否每个人的工作都是自己的兴趣呢？而又如何让我们的孩子也能实现兴趣就是未来的职业呢？

我们常说："兴趣是源泉，能力需要培养。"

最近《机智过人》第三季第8期节目讲述了人工智能（"慧眼"系统）通过研究300多种职业能力特征，建立职业算法模型，利用智能系统分析包括100万道中小学思想能力测试题库，测试每个人所具有的能力值。人工智能通过进化算法等人工智能技术，将每道题所包含的思想能力值和职业属性进行建模，从测试交互中，得出职业相关的匹配程度。譬如思想方法能力分析中通过一系列的题目推断出每个人的规律探究能力、总结概括能力、信息筛选能力、博弈推理能力、分类讨论思想、统筹思想、语言精妙分析能力、语言联想能力、文化识忆能力、情景想象能力、语言审美能力、数据分析能力、巧算思想、沟通能力、规划能力、规范表达能力、空间想象能力，等等。

经测试，每个人都在某个领域能力较强，而在某个领域较弱，譬如被测试的某位演员，数字分析能力差，而情景想象能力强……

所以教育被认为是培养孩子能力的提升，知识只是作为一种载体。

而在我看来，兴趣培养的基础是天赋具备的潜能。换句话说，孩子在某些领域具有被可以培养的潜能，而有些领域则欠缺可以培养的潜能。也就是说，人天生在某些领域具备优势，可以深度挖掘，那么在同样的时间里培养，就会事半功倍；而相反在某些领域，天生就不具备可以深度开发的潜能，那么如果还把时间花费在这个领域，教育本身就会是一种双重伤害。（当然不具有绝对性）

这里涉及到两个问题：

第一：人天生具有某些领域潜力的可能性。譬如有些人天生偏重逻辑思维，有些人天生偏重抽象思维，或者具体地说，有些人天生对数字就敏感，而有些人天生对数字就厌恶；有些人天生有艺术天分，有些人就欠缺艺术天分……这种大的方向是与生俱来的。所以家长要相信每个孩子都有其优越性的一面，也有其力不从心的领域，不要强迫。明明孩子不喜欢数学，偏要让孩子学奥数，明明孩子没有艺术天分，偏要让孩子学钢琴，明明孩子不喜欢外语，天天逼迫孩子背英语单词……

就我的例子而言：我从2年前熏陶孩子英语，偶尔配音，也熏陶孩子一起阅读中国古诗词。但随着他自我意识的增强，他知道他自己的兴趣爱好时，后天所谓的"培养"和天生爱好的差异便凸显出来了。他思维越来越活跃，越来越有自己的主见，越来越强调自由时间和自由地支配自己的事情。我才发现他根本不喜欢语言方面的知识，除了阅读科技类的图书，他对历史、英语等文字类的东西根本不感兴趣。但他会快乐地沉浸在科幻小说、侦探故事之中，他也会认真地充满着兴趣地搭建"机器人"……

第二：时间的有效性问题。时间是有限的，而如何在时间中度过，意义深远。举个例子，我很喜欢和孩子交流，在交流的过程中，发现他思想的火花，我原来总希望他能记录下来，落在笔上，再经过润色，就可以加强作文的写作能力。但他并不愿意做。那么我也不强迫，我相信思想是属于他自己的。如果他在一种被迫的情绪下，一方面会引起抵触和未来的不愿沟通性；另一方面也占用了他在此时间内做自己喜欢事情的创造性和思考性，那么就得不偿失了。即便在短期内作文分数上升，也会在远期受到阻碍。

所以我认为，应该在时间里让孩子选择喜欢的、擅长的"事半功倍"

的，而让不喜欢的、不擅长的、"事倍功半"的科目尽量少占用时间。

当然教育里没有真理。如果有的话，唯一的真理只有马克思的辩证法。哈哈。

第一：矛盾具有特殊性。每个孩子都有其各自的特点、各自的兴趣点。家长要善于观察，具体问题具体分析，不要跟风，不要别的孩子学什么，就让自己的孩子跟着学什么。家长要有针对性地在自己能力范围内将孩子的擅长和有兴趣的事情发挥到极致。如果她喜欢跳舞，就让她尽情地舞蹈，如果他喜欢机器人搭建，就给他时间和天地让他享受其中。

第二：发展地看问题。家长要不断地观察并与孩子交流，发现其变化，及时调整教育方式和教育理念。

第三：在不同时期抓主要矛盾和矛盾的主要方面。譬如马上高考了，那孩子就总不能天天跳舞了。哈哈。

如果能将爱好和自己的职业联系起来，那会是多么幸福的事情啊。

我祝愿每个小朋友都能被家长发现自己兴趣的能力值，有针对性地被培养。

2019.10.22

二十七、《人生如应试》

第五季的《中国诗词大会》已经9期了，即将进入尾声。宝宝瑞愉快假期的每一天都伴随着这档节目，而此时达到巅峰，他兴奋极了，答对的题越来越多，蒙对的也越来越多。他甚至想有一天也参加诗词大会。

我说:"你差得远着呢,古诗词可不只是背背而已,里面蕴含着丰富的历史和哲思,每首诗背后既有社会背景又掺杂着诗人个人的情感……你要想参加这样的大赛不仅需要长时间刻苦阅读思考的积累,还需要一些应试的技巧和前期练习,譬如飞花令。"

他一听说"应试",立即摇头。

我笑笑无语,心里却想:人生何处何时不是应试呢?连知识都能成为获得社会地位的手段,甚至知识本身就是权利,当然"技巧"也必将伴随着,所以把读书作为目的内在于一身的善,一定是多么遥不可及啊。

2020.02.09

二十八、《孩子的爱》

昨天早上我看到"我俩儿子上清华和人大,我还是进了养老院"的文章,心里久久不能平静。想到人终将晚景凄凉,我不免有些难过。看到楠明老师的回复:"世间有一种爱是不图回报的,能尽到力量让孩子独立、成才,就是最大的回报……"我心里还是不能释怀,总觉得爱是相互的,爱是在对对方的肯定中愈积愈多的。

下午我无意中又读到了冰心的《纸船》,那句"母亲,倘若你梦中看见一只很小的白船儿不要惊讶它无端入梦,这是你至爱的女儿含着泪叠的,万水千山,求它载着她的爱和悲哀归去"扎入我的心里,一时间竟乱了分寸。

我把宝宝揽入怀里,问他:"你能读懂这首诗的意思吗?它表达了什么呢?"

他回答:"能,是女儿对母亲的爱。"

我又问:"你爱妈妈吗?你会长大后弃我而去,不关心我,让我孤独终老吗？"

他立即回答："我不会的"。

他的头从我肩膀离开时他的眼睛是湿润的。我心里百感交集，一方面觉得自己有点过分，何必把爱压得这么沉重，另一方面又觉得非常感动，觉得孩子的爱竟也那么深沉。

突然又想起一位同事和我分享他与他儿子的故事：他教育儿子在外面不要乱跑，要是丢了找不到爸爸时就原地等着爸爸，爸爸一定会找到他。后来他们一起看电影《寻梦环游记》，儿子对死亡不理解，爸爸就告诉他，人死了都会去天堂。儿子怔怔地看着爸爸说："爸爸，如果你死了，就在天堂原地不动地等我，我也一定会找到你。"

我的眼泪流了下来，我相信孩子对我们的爱也是最真诚最无私的。

2020.05.24

后　记

　　宝宝瑞慢慢地长大，他的思想世界也不断地充盈着，思想的内容不断地在宝宝瑞的经历中被过滤、补充……但永远都是开放的过程，如同现在的我。我们将一直做那两条相互传染困惑的魟鱼，互相汲取、共同成长。

　　最后，我用我之前写给宝宝瑞的诗，暂且结束这个"儿童哲学的探索之旅"。

附录：后记

原来，你不在我在。
后来，你在我不在。
我想，你在我也在，
却只能因你而在。
因你而在，为你而在，在与不在，已不由己。
我试着超越我在进入你在，
却在你在中找到了另一个我在，
原来，我可以与你"共在"。

责任编辑:杜文丽
装帧设计:汪 莹

图书在版编目(CIP)数据

相互传染困惑的魟鱼:我与儿童的哲学之旅/李昕桐 著. —北京:
东方出版社,2023.12
ISBN 978－7－5207－2643－6

Ⅰ.①相… Ⅱ.①李… Ⅲ.①哲学-儿童读物 Ⅳ.①B-49

中国版本图书馆 CIP 数据核字(2021)第 273207 号

相互传染困惑的魟鱼
XIANGHU CHUANRAN KUNHUO DE HONGYU
——我与儿童的哲学之旅

李昕桐 著

東方出版社 出版发行
(100706 北京朝阳门内大街 166 号)

北京九州迅驰传媒文化有限公司印刷 新华书店经销

2023 年 12 月第 1 版 2023 年 12 月北京第 1 次印刷
开本:710 毫米×1000 毫米 1/16 印张:13.25
字数:210 千字

ISBN 978－7－5207－2643－6 定价:65.00 元

邮购地址 100706 北京朝阳门内大街 166 号
人民东方图书销售中心 电话 (010)65250042 65289539